ほめ方・叱り方 100の法則

信頼感を基盤にした人材育成の基本

How to compliment and scold.

他者に任せ、他者を動かし、他者を通して成果をあげる人に
必要不可欠な技術

桑原晃弥
Teruya Kuwabara

日本能率協会マネジメントセンター

はじめに

　「ほめる」と「叱る」はコミュニケーションの基本であり、人を育て、人を動かすうえでは欠かすことのできないものですが、今日ほどこの2つが難しく感じられる時代はなかったのではないでしょうか。理由の1つは本書でも触れているように、部下を抱えるマネジャーを取り巻く環境がかつてとは比較にならないほど複雑で厄介なものとなっているからです。

　年齢や雇用形態、国籍など部下は多様化する一方ですし、ハラスメントを意識すればするほどほめることや叱ることに臆病になってしまいます。さらにマネジャー自身がプレーヤーを兼ねることも多いうえ、業種によってはとても1人では見きれないほど多くの部下を抱えているケースもあります。

　これでは、ほめるとか叱る以前に部下1人1人に目を向けることすら難しくなってしまいますが、人づくりを疎かにしてしまえばマネジャーはいつまでもプレーヤーとして忙しく動き回らなければならず、よりレベルの高い仕事をすることもできません。

　みんなが忙しい時代、大切なスキルは、誰かが教えてくれるのを待つのではなく、自ら学び身につけることが必要になります。是非、本書を通して「ほめる」「叱る」の基本を身につけたうえで、実践してみて下さい。そこに「部下に対する愛情と、仕事に対する厳しさ」が伴えばきっと「人を育て、人を動かす人」になることができるはずです。

桑原　晃弥

第3章 「ほめる力」を高めるために心がけること

第4章 **耳の痛いことを上手に伝えて**
部下を立て直すための「叱る」技術

第5章 こんな時にはどうしよう「叱る」対処法

第1章

「ほめる」と「叱る」は 車の両輪

マネジャーの役割

「部下が育ちにくいのは なぜか?」を考えてみよう

　本書のテーマである「ほめる」にしても、「叱る」にしても目指すところはただ1つ、「部下を育て、部下を通して成果をあげる」ことです。

　「マネジャーとは何か?」に対する最も分かりやすい答えは次の通りです。

　「マネジャーとは他者を動かして成果を出す人のことである」

　つまり、マネジャーというのは、本来的には「自ら動く人」ではなく、自分以外の他者に任せ、他者を動かし、他者を通して成果をあげる人なのです。

　そしてそのためには自らの部下を育て、まとめ、目標達成のために動かすことが求められますが、その際、必要なことの1つが「叱る」や「ほめる」といった技術なのです。すべては人を育て、動かすためなのですが、最近のマネジャーに共通する悩みの1つは「部下が育たない」であり、「部下が思うように動かない」です。

　上からは「部下を育てろ」と言われるものの、現実にはなかなか育ってくれませんし、思うように動いてくれません。こうした状況に対し、「私のやり方がまずいのか?」と自分を責める人もいるかもしれませんが、実は部下が育たないのは、あなた1人の

責任ではなく、かつての「部下が勝手に育つ」３つの環境が崩れ去ったことに大きな原因があります。以下の３つです。

１．長期雇用
　入社したら定年までの雇用が保証される長期雇用であれば、長い目で見てもらうことができます。若い社員はすぐに結果が出なくても焦らず挑戦できますし、マネジャーもじっくりと部下を育てることができます。

２．年功序列
　定年までの道筋がはっきりしているので、部下は先輩やマネジャーを見て、「自分は将来のために何をすべきか」を自覚して仕事に取り組むことができました。

３．面倒見のいい人間関係
　マネジャーや先輩、同僚、部下といった組織内の人間関係が密接であり、お互いの長所や短所もよく理解していたし、アドバイスも可能でした。

　このような環境であれば、部下は自然と育ちます。ところが、1990年代のバブルの崩壊以降は長期雇用も年功序列も崩れ、組織のフラット化や雇用形態の多様化といった各種変化が起きたため、企業から「人を育てる余裕」が失われ、「部下が育ちにくい」環境になってしまったのです。今、求められているのは「部下が育ちにくい」ことを前提とした部下の育て方と動かし方なのです。

基本的行動
　「今は部下が育ちにくい環境である」ことを前提に行動しよう。

マネジャーには
部下を育てる余裕がない？

　部下を育てるためには上司であるマネジャーにある程度の経験や時間的余裕が求められますが、組織のフラット化などの影響もあり、最近のマネジャーからはその余裕が失われています。立教大学教授の中原淳さんによると5つの原因があるといいます。

1．突然化
　かつての日本企業の組織はピラミッド型であり、プレーヤーから課長（マネジャー）になるまでに、主任や係長などのポストがありました。そこでの経験を積むことで、必要なスキルや知識を身に付けることができましたが、今日では組織のフラット化によりポストが減少したため、ある日突然、マネジャーになる人もいます。さらに抱える部下の数もかつてと比較にならないほど増えています。これでは部下を育てるのは大変です。

2．二重化
　今日のマネジャーの多くは、マネジメントを行いつつ、プレーヤーとして成果をあげることも求められています。部下が育たなければ、その分、プレーヤーとしてのマネジャーに負担がかかるようになり、それがさらに部下を育てる時間を奪うという悪循環

に陥ることもあるだけに、「働き方改革」も相まって、部下の育成は一段と難しくなっています。

3．多様化

かつての日本の会社組織では「部下」と言えば、「日本人、男性、正社員、年下」がほとんどでしたが、今日では「人材の多様化」が進んでいます。男性より女性が多い職場もあれば、転職組や契約社員、派遣社員なども増えています。なかには20か国を超える外国人が在籍している企業もあり、さらには役職定年や再雇用によって年上部下も存在します。こうした多様な人材をまとめるのは至難の業ですし、まして「育てる」のは大変です。

4．煩雑化

コーポレートガバナンスの関係もあるのか、最近はマネジャーのこなす仕事がとても多様で煩雑になっています。これもマネジャーから部下を育てる時間を奪います。

5．若年化

かつてはマネジャーになる人というのはそれなりの経験を積んだ、ある程度の年長者でしたが、成果主義の導入もあり、若くしてマネジャーになる人も増えています。たしかにプレーヤーとしては優秀であっても、「人を育てる」とか「人を動かす」経験は積んでいないだけに部下をまとめる苦労も多いようです。

すべてはあてはまらないにしても、このような環境下でマネジャーは部下を育て、成果をあげることが求められているのです。

基本的行動

大変な中でも部下を育てなければならないのがマネジャーとしての大事な行動である。

「ハラスメント」と
どう向き合うか

　部下を育てるためには、時に厳しく接することも必要になります。本書のテーマにあるように「叱る」ことも必要になるわけですが、こうした「叱る」をマネジャーにためらわせる理由の1つに「ハラスメント意識の高まり」があります。

　もちろんパワハラやセクハラは決して許されるものではありませんが、あまりに拡大解釈して、「あれもこれもハラスメント」になってしまうと、ちょっと厳しいことを言っただけで「パワハラを受けた」と言われかねないという恐れがマネジャーの「叱る」へのためらいを生んでいるのも事実です。

　部下のために言った「厳しい言葉」が、「ハラスメント」と受け取られ、社内のしかるべき部門に持ち込まれたり、時にSNSで拡散されるとなると、「叱る」ことで問題になるくらいなら、「何も言わない方がいい」と考えるマネジャーがいても不思議ではありません。

　特に40代後半以降の人ともなると、自分が入社した時には、今なら「パワハラ」とか「セクハラ」と認定されるようなことを言われても、「会社とはこういうものだ」と耐えながら成長してきています。それだけに過度に神経質になって部下を「叱る」こ

とができない人もいれば、「自分はこうやって育ってきた」と当時と同じことを平気でしてしまう人もいます。

　しかし、これでは今の時代は通用しません。今を生きるマネジャーは「叱る」「ほめる」に関して2つの心構えが求められます。

１．かつての常識は「今の非常識」と心得よ

　ある時期まで、日本の企業では「パワハラ」も「セクハラ」も当たり前という時代がありましたが、今やその「常識」は完全なる「非常識」です。恐らく自分自身も当時は言われて嫌な気分になったはずです。考え方を切り替えましょう。

２．今は「一億総録音時代」です

　ハラスメントに関して心得ておきたいのが、今や不用意な発言は「録音」されている可能性があるということです。ニュースやワイドショーでも音声が決定的な証拠として登場することがあるように、スマートフォンさえあれば簡単に録音できるだけに、部下との面談などは録音されているという前提で話すことが必要なのです。

　では、どうすればいいのでしょうか？

　「厳しいことは言わない方がいい」はもちろん間違っています。部下を育て、動かすためには時に「叱る」ことも「ほめる」ことも必要になります。但し、その言い方はあくまでも冷静に、そして考え抜いたものでなければなりません。「叱る」にも「ほめる」にもスキルが求められるのが今という時代なのです。

> **基本的行動**
> 　厳しい時代だからこそ「叱る」「ほめる」のスキルを高めよう。

コーチング（気づき）だけでは人は育たない

　今の時代、部下が育たない理由についてここまで触れてきましたが、こうした社会環境の変化や社内事情の変化と並んで、「叱る」と「ほめる」のうち、特に「叱る」を難しくしているのが2000年代に登場した「コーチング」です。

　さまざまな環境変化もあり部下が育ちにくくなってきた状況に対して、企業も手をこまねいていたわけではありません。管理職研修を行い、管理職に対して部下を育てる最良の方法として「コーチング」を推奨しました。

　「コーチング」を一言で説明すれば、「上司から部下にさまざまな問いかけを行うことによって、部下に気づきを与え、目標達成を支援する技術」のことです。

　「目指すゴール」と「現状」のギャップを、上司の問いかけによって意識させ、「では、今後何をすればいいのか」を部下に「気づき、考え、答えを出させる」のがコーチングです。ここでは上司は「教える」のではなく、部下が「気づく」手助けをする存在となります。

　それ以前の「ティーチング」が上司から部下への一方的な指示、指導によって進められていたのに対し、コーチングは「教え

る」のではなく「考えさせる」ところに大きな特徴があります。たしかに部下指導において、「答えを教える」のではなく、「答えを考えさせる」というのは大切なことですが、同時にコーチング一辺倒では部下は育たないのも事実です。

たとえば、業務経験がほとんどない部下に「君はどう思う？」と問いかけたとしても答えなど出るはずがありません。あるいは、自分の過ちや問題に気づいていない部下にやはり同じように問いかけたとしても、正しい答えを導きだすことはできません。

にもかかわらず、「部下指導はコーチングでなければならない」という風潮が広まったことで、上司は「気づかせる」ことにばかり重きを置いて、教えることや、厳しいことを言うことを避けるようになったのです。

部下に問題があれば、上司は教えなければならないし、時に叱ることも必要なのですが、「気づかせる」ことが重視され過ぎると、「教えない上司」「厳しいことを言わない上司」ばかりになってしまうのです。

これではますます部下は育たなくなってしまいます。なぜこうなってしまったのでしょうか？

理由はティーチングかコーチングかにこだわるあまり、部下を育てるためには時に教え、指導し、時に考えさせ、時に叱ったりほめたりをしなければならないという「人づくり」の基本を忘れてしまったからではないでしょうか。

部下を育てるためには教えることも考えさせることも大切なら、ほめたり叱ったりを巧みに使いこなすことが不可欠なのです。

基本的行動
部下を育てるためにはさまざまなやり方を知り、使いこなそう。

「ダメ出し」ばかりだと
人は伸びない

　部下を育てるためにはティーチングだけでもダメだし、コーチングだけでもダメで、その両方を相手によって上手に使い分けることが必要になります。

　それは「ほめる」と「叱る」も同様で、「どちらか一方」に偏り過ぎるとやはり人は育ちませんし、人は動いてくれません。

　ほめる達人協会の創始者で理事長の西村貴好さんが「ほめる」ことの効果に気づいたのはあることがきっかけでした。

　「ほめ達」になる前、西村さんはサービス業の施設や飲食店などに身分を隠して調査員を派遣、どんなサービスが行われているのかを調べる覆面調査の会社を経営していました。

　当初、西村さんは相手の「ダメなところ」を徹底的に調べて突き付けていました。たとえば、「何時何分、何番テーブルで○○さんがこんな対応をした、商品を乱暴に置いた、空のグラスにいつまでも気づかなかった」といった「ダメだし」を証拠つきで提出しました。

　「ダメな点を細かく教えてあげることが親切だ」という思いからでした。

　ところが、その結果はどの店でも改善につながることはありま

せんでした。たしかに正しい指摘なのですが、西村さんがのちに当時の経営者や店長に話を聞いたところ、「報告書を見ていると気持ちが悪くなった」とのことでした。

それほどに人はいくら正しい指摘でも、そればかりだとモチベーションが低下して、「何とかしよう」という行動にはつながらないのです。

ダメ出しの効果のなさを反省した西村さんはやり方をがらりと変えました。

同じように調査をしますが、素晴らしい点を20個、名前や時間、具体的な行動などの証拠をつけて徹底的に伝える一方で、問題のある行動に関しては仮に100個の指摘があったとしても、そのうちの1つか2つだけを伝えるようにしたのです。

すると、3カ月後に再度調査に赴いたところ、良い点はさらに良くなり、前回、「これは次に伝えよう」と思っていた悪い点の多くが良くなっていたのです。ある人が西村さんにこう教えてくれました。

「人は叱られると、叱られたところだけを直すのに対し、ほめられると、ほめられていないところまで、もっと良くしようと努力する」

「ダメ出し」がダメだというわけではありません。しかし、「ダメ出しばかり」だと人はやる気を失うのに対し、そこに「ほめる」が入ると俄然やる気が出るのです。「ほめる」と「叱る」にはバランスが大切なのです。

基本的行動
ダメ出しばかりはやる気をそぐ、適度なほめるも忘れずに。

「叱る」代わりに
「ありがとう」を言ってみる

　「叱る」と「ほめる」のバランスをとるのはとても難しいことですが、なかでも部下からの「悪い報告」に対してはどうしても「叱る」になりがちです。

　ある企業で新しく営業のマネジャーになったＡさんは、個人としては毎年、素晴らしい成績をあげるすぐれた営業社員でした。それが認められての昇進でしたが、昇進したばかりの頃は部下からの「悪い報告」に対していつも怒ってばかりいました。

　部下から「予定の契約がとれませんでした」と報告されると怒り、「お客さまからこんなクレームが」という報告にも部下を厳しく叱りつけていました。

　優秀な営業社員だったＡさんから見ると、部下はみんな頼りなく思えました。やるべきことをやっていないから契約もとれないし、クレームへの対処も後手後手に回るためますます事態を悪化させているという部下たちに対して、Ａさんのイライラは募るばかりでした。

　そのためＡさんは部下の悪い報告には厳しく叱りつけ、ちょっとした部下の言動にもイライラを隠すことができませんでした。やがてそんなＡさんを部下は敬遠するようになり、Ａさんの機嫌

をうかがいながら報告をするため、必要な報告や重要な報告がＡさんにはまったく上がって来なくなりました。

これでは仕事になりません。そんなＡさんを見かねて１人の先輩がこんなアドバイスをしてくれました。

「もう少し心の余裕が持てないかね。たしかに君から見るとみんな頼りないかもしれないが、そんなに叱ってばかりだとみんなの心は離れていくばかりだよ」

たしかにいつも不機嫌な上司のところに報告に行こうとは誰も思いません。そこで、Ａさんは先輩のアドバイスに従って態度を改めることにしました。

部下の悪い報告に対しても「報告してくれてありがとう」と感謝を示したうえで、「叱る」のではなく、「どうすればいいか」を一緒に考えてアドバイスをするようにしたのです。責任追及は後回しにして、まずは最善の策を考えるのです。

しばらくするとＡさんと部下の関係はとても良好なものになり、Ａさんのチームの成績も良くなってきました。「叱る」ことは大切なことですが、いつも「叱る」ばかりだと部下は委縮するばかりです。上司と部下が信頼関係を築き、良好なコミュニケーションを確立するためには「叱る」以外の「ありがとう」も効果的なのです。

心理学者のアドラーが言うように、「非難されることが好きな人」はいません。「この人は仲間だ」と思えるからこそ一緒に何かを成し遂げることができるのです。

基本的行動
悪い報告には「報告してくれてありがとう」と言ってみよう。

「叱る」代わりに
「ほめて」みよう

　次にご紹介するのは「叱る」とか「罰する」のではなく、「ほめる」ことによってより良いものづくりを実現したケースです。

　ものづくりの現場というのは日常的に小さな異常が起こります。工場でのものづくりを人間が行う以上、その日の体調によっていろいろなことが起こります。調子が悪ければ、思うように作業ができないこともあるし、ついうっかり何かを忘れることだってあります。

　機械だって、日ごろからきちんと整備を行っていれば機械的に動いてくれますが、少しでも手入れを怠ると動かないことがあります。材料の間違いもあれば、変な材料が入ってくることもあるなど、作業をしていれば「異常がない」ということがないと言ってもいいほど小さな異常は起こるものです。

　そんな異常が起きた時、すぐに生産ラインを止めて、「なぜ異常が起きたのか？」を調べて、2度と同じ異常が起きないように改善をするのがトヨタ式と呼ばれる生産方式の基本的考え方です。日本ではおなじみとなったやり方ですが、今から30年ほど前にトヨタ自動車がアメリカにケンタッキー工場を設立して、生産を開始した時にはこの「異常があればすぐに生産ラインを止め

る」というやり方を現地の人たちに定着させるために大変な苦労をしました。

　理由はアメリカでは、トラブルが起こって生産ラインを止めると、ほぼレイオフされると多くの人が信じ込んでいたからです。アメリカでは働いている人に生産ラインを止める権限はなく、もしそのような事態を引き起こすと、とことん責任を追及され、必ずレイオフされるため、ケンタッキー工場に赴任したトヨタ社員がいくら「異常があればすぐにラインを止めて下さい」と言っても、誰も止めようとはしませんでした。

　「止める」ことの意味や意義は分かっていても、これまでの経験から染みついた「ラインを止めれば厳しく叱責されレイオフされる」という「本能的な恐れ」が「止める」ことをためらわせていたのです。

　そこで、トヨタの責任者はアメリカ的な「叱る」の代わりに「ほめる」を取り入れました。こう話しています。

　「止めるのが怖いなら実績を突き付ければいいわけです。最初の１、２年はラインを止めたら、ほめてやる。日本より止め方がうまい、とね」

　「叱られる」のが当たり前の人たちにとって、「ほめる」の効果は絶大でした。やがてトヨタのやり方はすっかり定着、より良いものづくりが可能になったのです。もちろん問題があれば「叱る」ことも必要ですが、「叱る」と「ほめる」を上手に使い分ければ大きな効果が期待できるのです。

基本的行動
　「叱る」と「ほめる」を使い分けると絶大な効果が期待できる。

ほめちぎる教習所

　「ほめる」効果の大きさについて教えてくれるのが、「ほめちぎる教習所」としてメディアなどでも紹介されたことのある三重県の南部自動車学校です。

　『「ほめちぎる教習所」のやる気の育て方』（KADOKAWA）によると、同校の指導方針が大きく変わったのは2013年のことです。それ以前の同校は、他の教習所同様に「教習所は怖いところ」というイメージをもたれていました。

　こんな言葉が飛び交っていたといいます。

「何やってるんだ」
「そんなこと、常識でしょ」
「どうして言ったことができないの」
「もっと真面目にがんばらないから、ダメなんだよ」

　こんなことばかり言われたら誰だって嫌になります。教習所は楽しいところではなく、怖いところだけれども、学生であれば「卒業までに免許をとらないと就職してから困る」、そして一般の人であれば「車に乗れないと生活に不便だから」「仕事に必要だ

から」という、言わば「やむにやまれぬ」事情でどんな罵声にも我慢するほかありませんでした。

しかし、これでは生徒はやる気をなくし、さらに厳しく叱るしかないという悪循環に陥ります。そこで、同校が決めたのが「生徒をほめてほめて、ほめちぎる」というものでした。

もちろん車の運転は命に関わるだけに、何でもいいと甘やかすわけではありません。ポイントは、「できないことを探して叱る」のではなく、「できているところをほめながら、こうすればもっと良くなる点を指摘する」ことです。

たとえば、脱輪した場合、そこを叱るのではなく、「脱輪はしたけど、スピードの調整はばっちりだった」「今度はもう少し左にハンドルを切ろうか」と指導します。失敗を叱るだけだと人は委縮しますが、「こうすれば良くなる」と言われれば、次に向かってがんばろうという気力が湧いてきます。

結果、生徒数は増え、合格率が上がったばかりか、指導員のモチベーションも向上、会社全体のパフォーマンスがアップしたといいます。「叱る」というのは、「叱られる」側はもちろんのこと、「叱る」側にとってもストレスが溜まるのに対し、「ほめる」は両方にとって気持ちを明るく前向きにしてくれるものなのです。

同校のやり方がすべての職場に通用するわけではありませんが、叱るポイントを探すよりも、ほめる点を見つけて指導するというやり方は大いに参考になるはずです。叱りたい時にこそ、「ほめるところを探す」努力が人を育てるのです。

基本的行動
「叱る」よりも「できたことをほめて、次への改善策」を。

「ほめる」と「叱る」は車の両輪⑤

ロコ・ソラーレの
笑顔とコミュニケーション

　2018年の平昌オリンピックで日本初のメダルを獲得した女子カーリングチーム「ロコ・ソラーレ」（LS北見）は試合中に使っていた「そだねー」が同年の流行語大賞を獲得するなど日本中に大ブームを巻き起こしました。

　ブームにつながったのは、その強さはもちろんですが、厳しい戦いの中で選手みんなが笑顔を忘れず、にこやかに「そだねー」という肯定の言葉を発する、明るさや前向きさがあったからではないでしょうか。

　ロコ・ソラーレを2010年に立ち上げたのは、トリノ、バンクーバーの両オリンピックに「チーム青森」のメンバーとして出場、「マリリン」の愛称で人気を集めた本橋麻里さんです。

　「カーリングの町」常呂町（北海道北見町）に生まれた本橋さんは12歳でカーリングを始め、その後、チーム青森の一員として活躍しますが、世界で戦いながら、いろいろなことを学んだといいます。

　たとえば、チーム状態が良くない時にはもっと声を掛け合って、突っ込んだミーティングをしなければいけないのにできなかったという苦い経験。あるいは、苦しんで結果を残しても、それはやっぱり苦しい記憶でしかない、ということ。

　一方で海外の選手たちがコーチと選手、選手同士で双方向のコミュニケーションを行い、「楽しそう」にやっているのを見て、こう考えるようになりました。

　「苦しんで伸びる時代、選手を怒って伸ばす時代はもう終わり」

　チームの結成当初は、本橋さんもガミガミ言うこともあったといいますが、重要なのは「ほめる」ことを多くして、本当にダメな時だけ「それはダメだぞ」と「叱る」ことが大切なのではないかと考え始めました。

　代わりに全員参加の誰が何を言ってもいい「タフなミーティング」を重ねることで、同じ目標に向かって「苦しい練習」に取り組むことのできる、意思疎通のできるチームづくりを目指すことになりました。

　その結果が笑顔で試合に臨み、自由に意見を言える、周りから見ても「楽しい」と思える、しかも「強い」チームの誕生でした。本橋さんによると、オリンピックに向かう道の9割は辛いことだらけだといいますが、残り1割の「オリンピックを楽しむ」ためにも、良好なコミュニケーションや「楽しむ」気持ちが欠かせないといいます。

　叱られたことを懐かしむ人もいますが、できれば叱られるだけでなく、ほめられた記憶とともに素晴らしい成果をあげることができれば、それが最も望ましいことなのです。

基本的行動
　叱るもほめるも「密なコミュニケーション」があってこそ。

「ほめる」と「叱る」の
バランスを取ろう

　ここまで見てきたように人を育て、人を動かすためには「ほめる」と「叱る」の「バランス」がとても大切になります。

　入社したばかりの知識も経験もない部下に「どうすればいいか考えてみなよ」と懸命にコーチングをしたとしても、答えが出てくることはありません。

　よく言われることですが「分からない」には2つあります。1つは上司や講師が話している内容が理解できず「よく分からない」というものですが、もう1つは「自分には何が分からないのかさえ分からない」というものもあるのです。

　部下の指導にあたっては相手の力量を見ながら、時に「ティーチング」を、そして時に「コーチング」を行うことが必要であり、同様に時に「叱る」こともあれば、時に「ほめる」ことをして初めて人は育ち、そして動いてくれるのです。

　「ほめ達」こと西村貴好さんがエアホッケーというゲームを例に、「ほめると叱るは、『どちらか』ではなく、両者のバランスをきちんと取ることが大切だ」と話していました。

　エアホッケーというのは、お金を入れると、カシャンとパックが出てきて、しばらくの間、遊べるゲームですが、遊べるのは、

フィールドの下から空気が噴き出ていて、パックがフィールドから浮いている状態の間だけです。

　そして一定の時間が過ぎると、空気の噴出は止まり、パックはフィールドに張り付いて、軽やかに動かなくなってしまうのです。西村さんはフィールドが職場、部下がパックと考えることが大切だと話しています。

　パックを打つのは部下への指導であり、そこには「叱る」も含まれているのに対し、「ほめる」はフィールドの下から噴き出す空気となります。

　ここまでの事例で見てきたように人は「叱る」だけだとやる気を失い、自主的に動くことをやめてしまいます。しかし、そんな部下に対して適度な「ほめる」という認める行為があれば、それがフィールドの下から噴き出る空気となって部下を動かすことができるようになります。

　つまり、適度な「ほめる」があってこそ、「叱る」は効果を持ちます。パックである部下を少し強く打ったとしても、部下は動いてくれるし、育ってもいくのです。「ほめる」にはそんな人の気持ちを軽やかにする力があるというのが西村さんの考え方であり、両者のバランスを上手に取れば取るほど人は育ち、軽々と動くのです。

　人は「叱る」だけでは委縮しますし、「ほめる」だけでも慢心して成長しません。両方のバランスを上手に取ることが何より大切なのです。

基本的行動
　人を育てるためには「ほめる」と「叱る」のバランスを取ろう。

人×タイミング×内容

法を説くには「人」と「タイミング」と「内容」を

　「ほめる」と「叱る」の両方を巧みに使いこなしたことで知られているのがプロ野球の名監督だった野村克也さんです。野村さんは評論家時代から「辛口」で知られていましたが、監督時代もあまり選手をほめることはなく、ぼやくとか、辛口の表現をすることで有名でした。

　それには理由がありました。

　野村さんによると、選手をあまりにほめすぎると「言葉の値打ち」が下がるといいます。かといって、あまりに叱り過ぎても問題があります。

　では、どうすればいいのでしょうか？

　野村さんは「人を見て法を説け」という言葉は「正しい」と信じていましたが、そのためには３つの要素が揃わなければダメだとも考えていました。その３つというのは「人」と「タイミング」と「内容」でした。

　ここで言う「人」は「相手を見て」という意味ですが、それとは別に「ほめる」と「叱る」において、その効果が発揮されるためには、「何を言うか」以上に「誰が言うか」という「人」も重要になってきます。もちろん「内容」の伴わない話が相手に響く

ことはありませんし、タイミングを間違えて、相手に「一体、いつのことをこの人は言っているんだ」と言われるようだと、ほめようが叱ろうが効果を発揮することはありません。

　そして何より大切なのが「誰が言うか」です。

　たとえば、いつも叱ってばかりで、細かいところまで口うるさい上司から「いやあ、今回は大活躍だったね。これからも期待しているよ」と言われたとします。

　上司としては間違いなく「ほめて」いるわけですが、普段は嫌味しか言わない人だとしたら、せっかくほめられても部下としては何となく気持ちが悪いし、こう思うかもしれません。

　「今回はたまたまうまくいったから良かったけれど、もし失敗したらいつものように嫌味を散々聞かされたかもしれないな」

　上司の本心からのほめ言葉も、部下と上司の間に不信感があると、このように部下は「何か裏があるんじゃないか」「本当にほめているのかな」といろいろ勘ぐってしまいます。

　一方、部下が日頃から尊敬している上司から同じようなほめ言葉をかけられたなら、「自分は認められた」と感じ、心の底から「ありがとうございます。これからも精一杯がんばります」と答えるのではないでしょうか。

　「叱る」についても上司に不信感があると、それは「嫌味」や「いじめ」となるのに対し、人間力の高い上司の言葉なら前向きに受け止めることができるのです。野村さんが言うように法を説くには「内容」と「タイミング」、何より「人」が大切なのです。

基本的行動
　ほめるのも叱るのも相手に届くかどうかは人間力次第と心得よ。

「よく見ている」からこそ
心に届くほめるや叱るになる

　ほめるにしろ叱るにしろ大切なのは「誰が言うか」です。言う人の人間力や、部下との信頼関係の有無によって同じことを言ったとしても、その伝わり方は大きく変わってきます。

　だからこそ上に立つ人間には「人間力」が求められるわけですが、たとえどんなに人間力の高い上司であっても、「内容」がまったく的外れなものだったとすれば効果は激減します。

　たとえば、1人の部下に対して他の人の伝聞だけを信じて叱ったとします。ところが、その話には大きな誤解があり、事実でなかったとすれば、叱られた部下としては「この人は人の言うことだけを信じて叱るだけなんだ。普段は信頼していると言いながら実は自分のことを信じてはいないんだな」と一瞬にして上司への信頼を失うことになります。

　「ほめる」についても同様です。たとえ小さなことでも事実に基づいてほめれば、その言葉は相手に響きますが、単なるお世辞だと相手の心に響くことはありません。

　つまり、「ほめる」や「叱る」が相手の心に響くかどうかは、「誰が言うか」に加えて、その内容が「事実」かどうかでも決まってくるのです。特に「上司はこんなことまで見てくれているんだ」

「上司はこんな細かいところにも気を配っているんだ」といった事実であれば、部下は上司の言葉を心して聞くことになるのです。

野村克也さんはなかなか芽の出ない無名選手や、他球団から戦力外通告を受けたベテラン選手たちをチームに迎え入れ、眠っていた才能を開花させたり、往年の輝きを取り戻させることでも知られていました。「野村再生工場」です。

南海時代、野村監督の下で活躍した江本孟紀さんは1971年に東映に入団したものの、その年は0勝とまったく活躍できませんでした。翌年、南海にトレードになりますが、江本さんに会うなり野村さんはこう言いました。

「お前、去年ずーっと見ていたけどな、ワシが受けたら10勝するな」

それまで江本さんはそんなことを誰にも言われたことはありませんでした。ましてや0勝と自信をなくしていた江本さんに、「10勝するな」ですから驚くのは無理もありません。ところが、その言葉通りに江本さんはその年、16勝をあげ、エースとなったのです。

江本さんをその気にさせたのは野村さんの「去年ずーっと見ていた」という言葉でした。部下にとって上司が「よく見ている」ことほど心強いものはありません。良いことも悪いことも「よく見ている」上司は怖くもありますが、信頼できる存在でもあるのです。部下の心を打つのは「よく見ている」上司からの「ほめる」であり、「叱る」なのです。

基本的行動
説得力ある言葉には日ごろの「よく見ている」が欠かせない。

優れた上司は「後ろ姿」で 部下の心を読む

　上司は部下を「よく見る」ことが必要だと書きましたが、「よく見る」はどのレベルが求められるのでしょうか。

　キヤノンを経てキヤノン電子の社長となった酒巻久さんは、社長に就任して以来、売上げ以上に利益を何倍にも引き上げることに成功した辣腕経営者です。酒巻さんはキヤノン時代から部下を「よく見る」ことを習慣にしていました。

　過去に人物観察の甘さから手ひどい失敗を経験したという酒巻さんは赤字部署の立て直しなどのために異動すると、「彼はどうもよく分からないなあ」といった部下を中心に集中して観察し、行動や発言などを毎日ノートに記録したといいます。

　すると、1カ月、2カ月と経つうちにその人物の人間性が見えてくるのです。なかでも注意を払ったのが「後ろ姿」です。

　酒巻さんによると、人間は人に背中を見せている時が一番無防備で、その人の内面が現れるといいます。人は元気な時は肩をはって歩くのに、悩んでいる時は肩を落としてとぼとぼと力なく歩きます。

　人に相対している時は元気な振りをしても、後ろを向いた瞬間に「ハーっ」と肩を落とすこともあるのです。

　酒巻さんはキヤノン電子の社長となった時には100人もの管理職について、こうした人間観察を続け、後ろ姿には特に注意したといいます。

　そして部下が寂しげな後姿を見せている時には、「体調が悪いのでは？」「家庭の悩みでもあるのか？」「仕事で人に言えない問題を抱えているのか？」といったことを考え、時に声をかけたり、時に格別の関心を持って見るようにしました。

　こうした経験を通してこう考えるようになりました。

　「背中で心が読めるようにならないと、いい管理職にはなれない」

　トヨタ式に「みるには3つある」という言い方があります。

1．見る＝「見学」の見る

2．観る＝「観察」の観る

3．診る＝「診察」の診る

　「なんだ、漢字の違いだけじゃないか」と思う人もいるかもしれませんが、たとえ同じものを見ても、人によって見え方が違うように、部下を見る場合も、どの程度の注意を払って見るか、どこに関心を持って見るかによって、3つのうちのどの「みる」になるかが分かれます。

　上司は部下を「よく見る」ことが必要になります。どの「みる」で見るかによって見え方は変わってくるのです。

基本的行動
　部下を「みる」時には3つの「みる」を意識しよう。

日ごろから部下を観察して「良いところ」を見つけよう

　どんなに「叱る」や「ほめる」の技術を磨いたとしても、そこに上司と部下の信頼関係が欠けていたり、あるいはその言葉が中身のない薄っぺらなものだったとしたら、部下の心に響くことはありません。

　だからこそ上司は部下を「よく見る」ことが大切なのですが、その際、心がけたいのが短所ではなく「長所」に目を向けるということです。

　なぜ「長所」なのでしょうか？

　本来、人間というのは相手の長所よりも短所に目が行く傾向があります。かつてある中小企業の経営者に「あなたの会社の良い点を挙げて下さい？」と聞いたところ、「良いところなんかないですよ」という答えが返ってきました。

　「では、悪いところや弱いところはどうですか？」と聞くと、「優秀な人間がいない」「技術力がない」「知名度がない」と次から次に悪いところが挙がってきました。それほどに人は良いところを見つけるのが苦手で、悪いところにばかり目を向けたがります。仲間内の会話も誰かをほめるよりは、誰かの悪口を言う方がはるかに盛り上がります。

　部下についても同様です。それでもお気に入りの部下について
は長所を挙げることはできるはずです。ところが、日ごろから気
に入らない部下や、「こいつはダメだなぁ」と思っている部下に
ついては短所はいくらでも挙がるはずですが、長所となるとほと
んど思いつかないのではないでしょうか。

　これでは「公平な上司」とは言えませんし、本当の意味で「部
下を見ている」とは言えません。

　能力のある部下や活躍している部下をほめるのは容易なことで
すが、できの悪い部下や地味な部下、何となく気に入らない部下
を「ほめる」のは簡単ではありません。「こいつはダメだなぁ」
という見方が邪魔をするからです。

　そんな見方から脱するためにも、たとえば「こいつはダメだ
なぁ」と感じている部下を1人選んで、その人のいいところを紙
に書き出してみてはいかがでしょうか。実際に起きた出来事を思
い出しながら、「そう言えばあいつにもこういういいところが
あったか」というものを書いてみます。

　普段は決して目の行かないその人の良さに気づくことができれ
ば、それだけで一歩前進です。こうした目で部下全員に関心を持
ち、良いところを見つけようと努力することで、部下全員の長所
が言えるようになれば、それまでとは違うチーム運営ができる
し、部下1人1人にかける言葉も違ってくるはずです。

　部下の短所ではなく全員の長所にも目を向けることで上司の
「ほめる」も「叱る」も説得力を増すことになるのです。

基本的行動
　「ダメだなぁ」と思っている部下の「長所」を探してみよう。

日ごろから信頼関係を築く努力をしよう

　人間というのは感情の生き物ですから、「誰に何を言われるか」によってその受け止め方は大きく変わってきます。

　嫌な相手から言われたほめ言葉は素直に受け止めることはできませんが、日ごろから尊敬し、信頼している人からの厳しい言葉は成長の糧として前向きに受け止めることができます。

　もし上司と部下の間に日ごろからコミュニケーションがなく、信頼関係が築けていないとすれば、たとえうまく叱ったとしても、その効果はあまり期待できません。

　「ほめる」もそうですが、「叱る」が効果を発揮するためには、上司と部下の間に「この人に言われるのなら」という良好な関係が不可欠なのです。

　今から何十年も前のことですが、大学を卒業してトヨタの現場に配属された若い社員Bさんが定時になり帰り支度をしていたところ、鬼より怖いと言われていた工長から「お前の入れた設備に不具合が出ている」と現場に呼び出されました。

　Bさんが設備をしぶしぶのぞいていると、工長は「そんなところから見えるか」とBさんの首根っこをつかんで設備のそばに押しやりました。そうまでされてはBさんも覚悟を決めるしかあり

ません。

　Ｂさんは上着を脱ぎ、ワイシャツ姿で不具合を徹底的に直しました。若い学卒のＢさんは「トヨタの現場はすごいところだ」とあらためて実感したといいます。

　それから数日後、Ｂさんは工長から「家に遊びに来い」と誘われました。訪ねると工長は若いＢさんを素晴らしい料理でもてなしてくれました。帰りがけ、工長の奥さんから「ワイシャツを汚しちゃったようでごめんなさい」と真新しいワイシャツとネクタイをプレゼントされました。

　工長の現場にかける情熱と、厳しさのあとの優しさに感激したＢさんはその日以来、トヨタの現場でそれまで以上に本気でがんばるようになったといいます。

　今の時代、同じことをしたらパワハラと訴える社員がいるかもしれませんが、仕事にはこうした厳しさも必要なのです。但し、厳しさ一辺倒ではなく、そこに上司に対する信頼や尊敬もあってこそ厳しさは、人を成長させる力ともなるのです。

　部下との信頼関係を築くために上司に求められるのは、「仕事に対する厳しさの一方での人間としての優しさや思いやり」です。部下を厳しく叱ったとしても、そのベースに「成長を願う気持ち」や「良い仕事をする」といった強い意思があれば、部下は上司を信頼し、その言葉を糧とすることができるのです。

　こうした信頼関係は一朝一夕にできるものではありません。日々の積み重ねがあって初めて生まれるものなのです。

　■基本的行動
　仕事への厳しさの一方で人としての優しさや思いやりを大切に。

同じ話でも「人を見て」変えていこう

　ここまで上司が「部下をよく見る」大切さについて触れてきました。上司が部下を日ごろからよく見ていれば、ほめる場合も叱る場合も事実に基づく話ができるはずですし、そこに信頼関係があれば、どんな厳しいことを言ったとしても、その真意は部下にしっかりと伝わるはずです。

　とはいえ、ここで注意したいのがまさに「人を見て法を説け」の「人」についてです。

　「論語」で知られる孔子がこう言っています。

　「中級以上の人には、上級のことを話してもよいが、中級以下の人には上級のことは話せない」

　中級以下の人を馬鹿にしているわけではありません。教える内容は、相手の水準によって変わってくるものであり、相手に応じて話し方や教え方を変えてこそ、相手の心をつかむことができるし、動かすことも育てることも可能になるというのが孔子の教えでした。

　「論語」でこんなエピソードが紹介されています。

　1人の弟子が孔子にこう質問しました。

「人から善いことを聞いたならば、すぐにそれを行いましょうか」

孔子はこう答えます。

「父や兄がおられるのだから、その意見を聞くべきだ」

別の日、もう1人の弟子が孔子にまったく同じ質問をしたところ、孔子はこう答えました。

「すぐに行いなさい」

真逆とも言える答えに驚いたもう1人の弟子が、孔子にこう問いかけました。

「同じ質問だったにも関わらず、前者には『よく意見を聞きなさい』と言われたのに対し、後者には『すぐに行いなさい』と違う答えをされたのはなぜでしょうか?」

孔子はこう諭しました。

「後者は消極的だから、励ましたのだ。前者はとかくやり過ぎるから、抑えるようにああ言ったのだ」

孔子は同じ質問に対しても、弟子の性格を見ながら違う答えをすることがありました。同じ話でも、相手によって言い方や内容を変えてこそ伝わるし、相手のためにもなると考えてのことだったのです。

人を率いるには部下の能力を最大限に引き出すことが求められます。叱った方が伸びる人もいれば、叱ることで委縮する人もいます。上司は部下の個性を見て「法を説く」ことが必要なのです。

基本的行動

部下の個性に応じて「叱る」や「ほめる」を使いこなそう。

「ほめる」と「叱る」の 「タイミング」を間違えるな

　「法を説くには人とタイミングと内容が伴わないと」が野村さんの言葉です。

　ここまで１つめの「人」と３つめの「内容」について触れてきましたが、２つめの「タイミング」を間違えるとせっかくの「叱る」と「ほめる」の効果が薄れることになります。

　日本人はどちらかというと「ほめる」ことが苦手なため、内心では「ここはほめないと」と思っていても、ついタイミングを失することがよくあります。

　仕事に限らず、「ここはほめた方がいいな」と感じることもあれば、あるいは突然、「そういえば彼にはこんないいところがあったな」と思いついたにもかかわらずこう考えて先送りすることがあります。

　「よし、今度、機会があったらほめてあげよう」

　しかし、「今度、機会があったらお食事でも」という口約束がしばしば立ち消えになるように、「今度」が訪れることは滅多にありません。整理整頓でも忙しくて「とりあえず」適当な場所にものを置いて、「あとでちゃんとやろう」の「あとで」もまず来ることはありません。

　「ほめる」も同様です。「あとで」や「機会があれば」などと先延ばしをしているうちにチャンスは巡って来ず、「ほめるの持ち腐れ」になるばかりか、やがては機会が来たにもかかわらず、「あれ、何でほめようと思ったんだっけ」と「ほめる」内容さえ忘れてしまいます。

　そうならないためにも「ほめる」に関しては、多少唐突でも「これはほめなければ」と思ったら「すぐにほめる」ことが何より大切なのです。

　一方の「叱る」はどうでしょうか？

　「ほめるは思いついたらすぐに」が原則だとしたら、最もやってはいけないのが「叱るは思いついたらすぐに」です。

　部下がミスを犯した時など、「何やってるんだ」と頭に血が上り、その勢いのままに部下を厳しく叱ってしまう人がいますが、叱ろうと思った瞬間に叱ってしまうと、叱っているうちにますます頭に血が上り、感情的になってしまいます。

　ましてやこちらが真剣に叱っているにもかかわらず、部下が反省しているとは思えないような態度を取ると、さらに感情的になって、いつの間にか自分の怒りを解消するために叱っているという最悪の状態に陥ってしまいます。

　これは上司にとっても部下にとってもいいことではありません。「ほめる」と違って「叱る」は「すぐに」ではなく、一呼吸置くとか、冷静に考える時間が必要なのです。タイミングを間違えないことも「ほめる」と「叱る」ではとても大切なのです。

基本的行動

　ほめるは「すぐに」だが、叱るに「すぐに」は厳禁と心得よ。

「ほめる」と「甘やかし」を勘違いするな、「いじめ」を「叱る」と言い張るな

　ビジネスの現場でもそうですが、リーダーに求められる最重要の役割は、部下の心を1つにまとめ、士気を高めることです。もしそれができないとすれば、それは部下が悪いのではなく、リーダーの力不足となります。

　力不足のリーダーに限って「ほめる」と「叱る」について勘違いをしがちです。「部下をほめることが必要だ」となると、時にそれが単なる「甘やかし」になることがあります。

　部下を甘やかすとどんな問題が起きるのでしょうか?

　「孫子の兵法」にこんな一文があります。

　「手厚く保護するだけで使役することができず、可愛がるだけで命令することができず、軍紀を乱しても統制できないのでは、たとえるならばどら息子の集団を飼っているようなもので、ものの役には立たない」

　孫子によると、リーダーには智や仁、信が必要であり、部下に対して親のように接することも不可欠ですが、それは甘やかすことではありません。子育てでもそうですが、兵に注ぐ愛情も、度

を越すと兵士としてだけでなく、人間としてダメにしてしまうのです。精鋭集団をつくるつもりが、「どら息子の集団」になってしまうのです。

甘やかされた部下というのは、自分で考え、自分の責任で行動することができなくなり、結局は上司の指示を待つようになり、何か問題が起きれば、それは自分の責任ではなく、周りの責任だと考えるようになってしまいます。

部下がそうなるもならないも、リーダーの接し方1つです。もちろん厳しさだけで人を率いていくことはできませんが、かといって「ほめる」が行き過ぎて、単なる「甘やかし」になってしまうと、部下をダメにしてしまうのです。

「ほめる」を「甘やかし」と勘違いしてしまうとこうした弊害が生じるわけですが、「叱る」における最大の勘違いは「叱る」がただの「いじめ」となってしまうことです。

子どもの虐待事件が起きた時、親がしばしば口にするのが「しつけのつもりだった」という言い訳です。大人の社会でのいじめでも、いじめた人が口にするのはやはり「指導のつもりだった」という弁解です。

たしかに躾や指導には厳しさも必要ですが、根底には優しさや慈愛の気持ちを欠くことはできません。それらを欠いてしまうと、せっかくの「叱る」がただの「いじめ」となってしまうのです。

「ほめる」と「叱る」を上手に使いこなすためには、「行き過ぎ」に気を付けることも大切なのです。

基本的行動
「ほめる」と「叱る」の「行き過ぎ」に注意しよう。

部下は上司を３日で見抜く

「ほめる」や「叱る」でいつも問われるのは「誰に言われるか」です。既に触れたことですが、人間は感情の生き物だけに、同じことを言われたとしても、「誰に言われたか」によって、その受け止め方はまったく違ってきます。

上司と部下の間に日ごろから信頼関係が築かれていれば、たとえ厳しい言葉で叱られても、「自分のためを思って言ってくれている」と部下は前向きな気持ちになれますが、不信感を持っていたとすれば、たとえほめられても「あなたに言われてもね」と冷めた気持ちになるのです。

つまり、「ほめる」や「叱る」を効果的なものにするためには、何よりも上司が部下から信頼される存在になることが重要なのです。では、「信頼される上司」とは一体どのような存在なのでしょうか？

「部下は上司を３日で見抜く」という言葉があります。

上司が自分の部下の能力や性格までしっかり把握しようとすればそれなりの時間がかかりますが、部下が「今度の上司は信頼できるのか？」「この人は共に仕事をするのに相応しい人なのか？」を見抜くには「３日もあればいい」という意味です。

そこで問われているのは「言行一致」です。ピーター・ドラッカーがこう言っています。

「リーダーが公言する信念とその行動は一致しなければならない。少なくとも矛盾してはならない」

「知行合一」という言葉があります。「知識」と「行動」は一体のものであり、「知識」には必ず「行為」が伴わなければならないという考え方で、幕末期に活躍した吉田松陰や西郷隆盛などにも大きな影響を与えた考え方です。

部下を率いる立場のリーダーにも同じことが言えます。たとえ口でどんな立派なことを言ったとしても、その行いが言葉とかけ離れたものだったとすれば、誰もそのリーダーを信用しようとはしませんし、ついていこうともしません。

部下が見ているのはリーダーのこうした日ごろの行いと口にする言葉の間に矛盾はないか、という点です。リーダーに必要なのは「言行一致」です。それは、部下が「リーダーの言うことには何でも従う」という意味ではありません。リーダーの言うことが「真意である」とみんなが信じることです。

その信頼があるからこそ、上司の「叱る」も「成長を願ってのもの」と信じることができるし、「ほめる」も素直に喜ぶことができるのです。上司は部下を「よく見る」ことが必要ですが、部下から「いつも見られている」という自覚も大切なのです。

基本的行動
リーダーの「言行一致」が「信頼感」を生むと心得よ。

「成長を願う」気持ちがあってこそ「ほめる」も「叱る」も生きてくる

「叱られるうちが華」という言い方があります。

スポーツの指導者などで選手をいつも厳しく指導する人がいます。時に選手にとって厳しすぎる言葉が投げかけられることもありますが、そんな時によく言われるのが「厳しく指導するのは見込みがあるからだ、俺は見込みのない選手には何も言わない」という言い方です。

たしかに選手にしても、部下にしても、最も怖いのは「叱られる」ことよりも「無関心」であることですから、厳しい言葉も「見込みがある」「期待されている」ことの裏返しととることもできます。それでも「叱る」も度が過ぎると、その「真意」を疑いたくなるものです。

「叱る」も度が過ぎると、目的が「成長を願って」のものではなく、反省の弁や謝罪を求めるものになるだけに注意が肝要です。本来、上司が部下を叱る真の目的は、部下に謝罪をさせるためではありません。失敗や間違いを反省し、そこから大切な何かを学び、そして今後の成長の糧にしてもらうためです。

ところが、なかには部下を叱っているうちに感情が高ぶってくるのか、「本当に分かっているのか?」「自分のどこが悪かったか

言ってみたらどうだ？」と、謝罪の言葉を述べさせたり、反省の弁を求めるような叱り方になることがあります。

　これでは部下も心の底から反省したり、謝罪するのではなく、上司に「無理に言わされた」と感じてしまい、せっかくの「学びの機会」が「強引に謝罪させられた」という「嫌な記憶」になってしまいます。

　そうならないためにも「叱る」のは「成長のため」であり、「謝らせるため」ではないと自覚することが必要です。

　「叱る」や「ほめる」が「成長のため」と言いながらも、なかには本心ではこんな気持ちで部下を叱っている人はいないでしょうか？

　「こいつの場合、どうせ叱っても何も変わらないんだけどな」

　たしかにチームの中には、何回叱っても改善が見られない部下がいるのも事実です。何度も同じミスをする、ちっとも進歩しない人です。それでは上司として「叱る意味」を感じなくなるのも仕方のないことですが、気を付けたいのはこうした気持ちは態度や言葉の端々に表れて、相手に伝わるということです。

　「相手をコントロールしてやろう」という気持ちからの「ほめる」は相手に素直に受け取られないように、「こいつは叱ってもダメだな」という気持ちがあると、せっかくの「叱る」も部下の成長につながらなくなります。

　本心からの「成長を願う気持ち」があって初めて、「ほめる」と「叱る」は相手の心に響くものになるのです。

基本的行動
　どんな時にも部下の「成長を願う気持ち」を忘れるな。

こうすれば相手に伝わる
「ほめ方」の技術

「なぜ『ほめる』ことが大切なのか?」を考えてみよう

　ここまで「ほめる」と「叱る」が車の両輪であり、両方を上手に使い分けてこそ部下は育ち、動いてくれると書いてきました。そしてそのためには上司自身が部下から信頼される存在でなければならないとも触れてきました。

　そこでもう一度原点に返って、「そもそもなぜほめることが大切なのか?」について考えてみることにします。

　「ほめる」の効用についてはいろいろな人が話していますが、ここでは代表的ないくつかのポイントを紹介します。

1. ほめることは相手を認めることである

　「ほめる」というのは「おだてる」や「お世辞を言う」ことと違って、「事実」に基づいて、相手の良さを認めることであり、感謝の念を示すことです。人間というのはこちらが敬意を持ち、好意を持って接すると、相手も敬意を払い、好意を返してくれるものです。良好な人間関係のためにも、まずは相手を認めること、ほめることが大切なのです。

2. ほめることは「心の報酬」を与えることである

　最近の若者の特徴として出世を望むよりも、仕事のやりがいや

良い人間関係を求める傾向があります。たくさんのお金を稼ぐことよりも、自分の時間をより有効に使いたいという気持ちも強く持っています。しかし、その一方で達成感や承認欲求も強く持っているだけに、こうした若い部下を率いる時には「成長の実感」や「貢献の実感」を与えることが大切になります。

　そのために必要なのが「ずいぶん上手になったね」という成長を認める「ほめる」や、「○○してくれてありがとう」という貢献への「ほめる」です。

　「ほめる」には「自分は努力すれば成長できるんだ」という成長を実感させる力や、「自分は世の中の役に立っているんだ」という貢献を実感させる力があるのです。

３．ほめることは自分自身も幸せにしてくれる

　人間というのは周囲の環境や情報に左右されやすいところがあります。毎日、テレビや新聞から暗いニュースばかりが流れてくると欝々たる気分になるのに対し、明るいニュースが多いと直接関係はなくとも晴れやかな気持ちになることができます。

　人間関係も同様です。毎日、部下などのダメな部分にばかり目を向けて、小言ばかりを言っていると、自分も嫌な気持ちになってきます。反対に「良いところを見つけよう」と相手のいいところに目を向けると、自分の気持ちも前向きになってきます。

　「叱る」ことがダメだということではなく、「ほめる」という意識を強く持つことで、自分自身も、そして周りも明るくなり、プラスの循環が始まります。

基本的行動
　ほめるためにも、「ほめるの効用」を知っておこう。

周りの人やものを「当たり前」 と思いこんでいませんか?

　「ほめる」のが苦手な人に聞くと、ほめるというのは特別なことであり、何でもかんでも「ありがとう」や「すごいね」と言うのは間違っているという思いこみがあるようです。

　こうした人にとって周りにいる人たちは「いて当たり前」であり、たくさんのものも「あって当たり前」なのですが、それは本当なのでしょうか?

　イトーヨーカドー創業者の伊藤雅俊さんがこう言っています。

「お客さまは来ていただけないもの」
「問屋さんは品物を卸していただけないもの」
「銀行はお金を貸してくれないもの」

　もちろん大企業となった今では違っていますが、創業以来、「○○は当たり前ではない」という思いで経営してきたことが同社の成長の原動力となったのです。

　そんな目であなたの周りを見回したらどうでしょうか。

　たとえば、部下が毎日、当たり前のように出社して、当たり前のように仕事をしてくれるのは本当に「当たり前」なのでしょうか。

　結婚している人であれば、会社から帰った夫のために妻がご飯を用意してくれるのは当たり前なのでしょうか。

　子どもが学校や塾に行き、勉強をするのは当たり前なのでしょうか。

　たしかに私たちの日々は当たり前のように動いていきますが、実はそのほとんどは「当たり前」ではなく、その当たり前を当たり前のようにやってくれている人たちに対する「ありがとう」が欠けているように思います。

　もしかしたら部下たちは、本当は「出社してくれないもの」であり、「黙々と仕事をしてくれないもの」なのかもしれません。

　にもかかわらず、上司であるあなたは、そんな部下たちのありがたさが見えず、「もっとがんばれよ」「もっと成果をあげろよ」とただ檄を飛ばしているだけなのです。

　人間である以上、あら探しをしてしまうのは仕方がありませんが、みんなが「当たり前」と思っていることについて、「もしかしたらこれは当たり前じゃなくて、すごいことなんじゃないか」と考え方を変えれば、自分の周りにはたくさんの価値があり、感謝すべきものがあると思えるはずです。

　上司は部下に対して、つい「このくらいのことはできて当たり前だろう」などと思いがちですが、それを理由に「ほめない」でいると、部下は「上司は自分を評価していない」と思いこんでしまいます。「当たり前」のことも「実は当たり前ではない」と考えてためらうことなく「ありがとう」を伝えることが大切なのです。

基本的行動
　何事も「当たり前」と思わずに「ありがとう」を言おう。

「とっておき」より
「小さなほめ言葉」を

　「ほめる」というと、部下が素晴らしい成果をあげたとか、昇進をしたといった大きな出来事を思い浮かべる人がいるようですが、現実にはこうした大きな出来事は滅多にあるものではありません。

　上司の中には普段は部下をほめることをせず、大きな喜びに対して「とっておきのほめ言葉」を送ることを考えている人もいるかもしれませんが、それでは部下をほめる機会はほとんどありません。

　それよりもほんの小さな出来事に目を向けて「ほめる」を実践する方がはるかに大きな効果を発揮します。

　シドニーオリンピックの女子マラソンで金メダルを獲得した高橋尚子さんは、高校大学時代には幾度かの優勝経験はあるものの、大きな大会で優勝したことはありませんでした。尊敬するリクルート監督・小出義雄さんに何とか指導してもらおうと売り込みますが、認めてもらえませんでした。

　それでも諦めきれない高橋さんは自費で合宿に参加します。そんな高橋さんを見て、小出さんは足の運びが抜群で、腕の振りを直せばマラソンでやっていけるのではと考えるようになりまし

た。小出さんは高橋さんの「くるぶしから下」をほめたのです。

　このひと言が高橋さんにとって自信になりました。こう話しています。

　「ランナーとしてこれでもやれるかもしれないという小さな自信を初めて持たせてくれたのが監督です」

　リクルート入社から5年後、高橋さんは猛練習によって金メダリストとなりました。小出さんが見つけた「ほんの小さな自信」が高橋さんに大きな自信をつけることになったのです。

　「すごいところ」は誰でも目に付きますし、「すごい成果」なら誰だって手放しでほめることができますが、ほとんどの人が気にも止めないような「小さな良さ」に目を向ける人はほとんどいません。「ささやかな成果」もほとんどの人にとっては「ほめる」ほどのものではありません。

　しかし、大切なのはそんな「小さな良さ」に目を向け、「ささやかな成果」をきちんとほめることです。部下が元気なあいさつをしたら、「君のあいさつは気持ちいいね」と素直にほめればいいし、字がきれいだなと思ったら、「きれいな字だね」とほめればいいのです。

　「とっておきのほめ言葉」を口にする機会は滅多にありません。日常的なささやかなほめ言葉こそが人に自信をつけさせ、円滑なコミュニケーションを可能にするのです。

基本的行動
　「とっておきのほめ言葉」より日々の小さなほめ言葉を大切に。

若い部下の「良さ」「強み」を素直にほめよう

　いつの時代でも、年長者にとって若者は「今どきの若い者は」であり、自分たちの時代と比べて「アラ」ばかりが目に付くものです。

　その証拠にと、「エジプトのピラミッドにそんな落書きがあった」とか、「シュメール時代の粘土板にそんな書き込みがあった」という怪しげな話を持ちだす人もいますが、こうした「都市伝説まがいの話」の真偽はともかくとして、たしかに今の年長者も若い頃は「今どきの若い者は」と揶揄されていたのは事実です。

　なぜ年長者にとっていつも若者は「今どきの若い者は」なのでしょうか？

　たしかにある年齢になると、若い世代の考え方の違いに戸惑ったり、自分の常識と若者の常識の落差に愕然とすることが多くなるのは事実です。

　そこで、つい「気に入らないところ」に目が行って、「まったく今どきの若い者は」と愚痴の１つも言いたくなるのです。自分と関係のない若者に対して愚痴を言うのは構いませんが、その愚痴が自分の部下に向かうようだと問題です。

　上司にとって目が行きやすいのは部下の「短所」であり、「長

所」ではありませんが、ピーター・ドラッカーが言うように「人が何事かを成し遂げるのは、強みによってであり、弱みによって何かを行うことはできません」。欲しいのは弱みではなく強みなのです。

ところが、なかには部下の持つ「良さ」や「強み」を素直に認めることができない上司がいるから困りものです。

「今どきの若者」はよく言われるように早い時期からパソコンやスマートフォンに慣れ親しんで育ってきただけに、こうした機器を使いこなすことにかけては上司以上です。パワーポイントを使ったプレゼンテーションもお手のものです。

そんな若い部下に対して、はたして上司であるあなたは素直にその部下を認め、ほめることができるでしょうか？

もしできるとすれば、人の強みを生かすことができる上司と言うことができますが、人の強みよりも弱みに目の行く上司は、こうした部下の強みに対して、心の中では「すごい」と感じたとしても、「君はすごいね」と言葉に出してほめるのではなく、弱みを見つけて部下を認めようとしない傾向があります。

本人としては、部下を甘やかすことなく、厳しく指導しているつもりかもしれませんが、「ほめる」ことを避け、あまりに弱みにばかり目を向けていると、部下の強みを伸ばすこともできず、結局はチーム全体の力を下げることになってしまいます。

いろいろな欠点はあったとしても、「今どきの若い者はすごい」と、その良さに注目して、素直に「ほめる」のも大切なことなのです。

基本的行動
　若い部下の良さは素直に認め、言葉にしてほめよう。

他人との「比較」ではなく、 「どれだけ成長したか」に目を向ける

　組織やチームを率いるリーダーがしばしば口にするのが「Aさんはできるが、Bさんはできないね」といった評価です。組織やチームに目を向ければ、みんなが「できる」ということはありません。「できる」人間もいれば、「できない」人間もいます。なかには「できる」とも「できない」とも言えない中間くらいの人もいるはずです。

　もっとも、こうした「できる」「できない」は案外抽象的なもので、ある仕事をするうえで必要な能力をすべて書き出して、それぞれの能力について「できる」Aさんは何がどのくらいのレベルでできるのか、「できない」Bさんは何がどのくらいできないのかを「星取表」として表すと、思っているほどには差がないというのもよくあることです。

　とはいえ、人間が集まってチームをつくれば、できる人とできない人の差が生まれるのは仕方のないことです。そんな時、リーダーの目が「できる人」ばかりに向いて、たとえば「Aさんはすごくがんばっているけど、Bさんの仕事ぶりはせいぜい中の下かな」などと、比較するようになると、ほめられるのはAさんのような「できる」人ばかりになってしまいます。

　これではBさんは上司にとって「ほめるに値しない」人間になってしまい、上司から「叱られる」ことはあったとしても、「ほめられる」ことはなくなってしまいます。

　言わば、チームの中でほめられるのはごく一握りの人で、それ以外の人はほめられることはないという二極化が起きてしまいます。では、Bさんのような「できない」と思われている人には本当に「ほめる」ところがないのでしょうか？

　ある全国チェーンの居酒屋では半年に1回「ほめる表彰式」を行っています。表彰式を行う企業はたくさんあります。そのほとんどは売上や契約件数、利益などの成績によって順位をつけ、その数字を基に成績優秀者や成績トップの店を表彰するものです。一方、「ほめる表彰式」というのは、それぞれの店で働く1人1人について店長や同僚たちが「この人はこの半年間でこんなに成長しました」という人を推薦して、その中から表彰されるというやり方です。

　つまり、成績などによる「他店、他者との比較」ではなく、「過去の自分との比較」によって「こいつはがんばって成長した」という人を「ほめる」のです。

　上司に必要なのは「できる」人をほめるだけでなく、「できない」人についても、その人が少しでもがんばって何かができるようになったら、すかさずほめることです。ほめられた人にとっても「認められた」という喜びが大きく、「もっとがんばろう」という意欲にもつながります。

基本的行動
　少しでも成長を感じたらすかさずほめよう。

短所を「長所」に
読み替えてみよう

　何度も触れたように人間には誰しも長所と短所があり、そして、とかく短所にばかり目が行きがちです。

　その結果、どうしても短所をけなすことが多くなり、ほめることは少なくなってしまいます。

　しかし、短所をけなしてばかりではチームのまとまりは悪くなりますし、いくら短所を上げたところで成果につながるはずもありません。

　第一次南極越冬隊の隊長を務めた西堀栄三郎さんによると、南極での越冬や日本初のエベレストへの登山といった未知の難事を成し遂げるためには、「個を殺して和を求める」のではなく、異質の個性や才能を持った人間が集まり、お互いに個と個を認め合いながら努力することが必要だったといいます。

　そしてそれは「欠点を認める」ことでもあるといいます。こう話しています。

　「個性を認めるということは、同時に欠点を認めることであり、欠点を認めるということは、その欠点が長所になり得ると判断することである。自分だって、決して完全な人間ではないのだとい

う自覚を持てば、今まで欠点が目に付いて仕方のなかった他人が、今度は逆に自分の足らないところを補ってくれる貴重な存在になり、また自分も他人の欠点を補うことで役に立っているということになって、初めて素晴らしいチームワークができ上がるだろう」

　西堀さんが言うように、見方次第で短所は長所になるし、短所と思っていたはずのものが実は自分にないものを補ってくれる貴重なものとなるのです。

　コップを例に、真上から見ると「丸」だが、横から見ると「四角」に見えると言いますが、人間の性格も見方次第で変わります。

　たとえば、「気が弱い」のは、「人の気持ちがよく分かる」からであり、「人を押しのけてまで前に出ようとはしない」という謙虚さにつながります。

　「決断力がない」も、見方によっては「人の意見をよく聞く人」であり、「タイミングをじっくりと見ている」とも言えます。

　「神経質」な人は、「細かいところが気になる人」であり、「細部にまで目配りできる人」とも言えます。

　このように「短所」を「長所」に読み替えていけば、「大胆で実行力はある」けれども、「細かいことを考えるのが苦手」な人は、「神経質で細かなことが得意な人」と組めば良い結果を残すことができます。部下の「短所」に気づいたら、それを「長所」と読み替えることです、そうすれば「ほめる」ポイントもきっと見えてきます。

基本的行動
　見方を変えれば短所もほめるべき長所に変わる。

ほめる時は
「ほめる」に徹しよう

　上司にとって部下を「ほめる」ことがなぜ大切なのでしょうか？　それは人が成長するうえで、「やったらできる」と確信することが大きな力となるからです。そしてその成長を認め、ほめてくれる人がいれば、その人は「もっとがんばろう」という意欲を持つことにもつながります。

　ところが、なかにはせっかくほめておきながら、「もっとがんばれよ」という意味を込めてなのか、それを台なしにするほどの「余計なひと言」を発してしまう人もいます。

　グーグルの創業者ラリー・ペイジとサーゲイ・ブリンが数学に秀でた生徒の育成に力を入れるイスラエルの高校を訪問した時のことです。

　「この学校はイスラエル全土を対象とした数学コンテストで上位10賞のうち7つを独占したと聞いています」とブリンが発言したところ、自分たちの成果をブリンに認められたことを喜んだ生徒たちは喜びを大きな拍手で表現しました。

　当然のことです。

　ところが、ブリンはこう続けたのです。

　「では、ほかの３つはどうしたのかね？」

　ブリンは数学の教授だった父親からそう言われて育ったといいます。その結果がブリンを数学の天才にし、グーグルでの大成功をもたらしたわけです。

　それを知る生徒たちもその言葉を笑って受け止めることができましたが、もしブリンのような天才ではない、ごく普通の人を相手に同じようなことを言ったとすれば、その人からはほめられた嬉しさは消え、打ちひしがれた気分になるかもしれません。

　上司であるあなたは部下に対してこれと同じことをやっていないでしょうか？

　たとえば、がんばってようやく一件の契約をとった部下に対して、同僚を引き合いに「よくやったな、でも、あいつはもう何件も契約をとってるぞ」と言っていないでしょうか。

　あなたとしては「励ます」つもりからのひと言かもしれませんが、言われた部下としては喜びが半減どころか、「お前なんか」と言われているような気になってしまいます。

　ほめる時には、ほめることに徹することがベストです。もちろんうまくいった時に次への課題について考えるという姿勢は必要なことですが、それもあまりに度が過ぎるとせっかくのやる気をそぐだけに、ほめる時にはほめ、課題については別の機会に言えばいいのです。

　ほめる時には余計なことを言わず、全力でほめてあげましょう。

基本的行動
　ほめる時には全力で。「余計なひと言」に気をつけよう。

ほめる時には「口頭」と 「書いてほめる」を併用しよう

　第1章でも触れましたが、叱ることも、ほめることもタイミングが大切になります。

　「鉄は熱いうちに打て」ではありませんが、どちらもタイミングを失してしまうと、相手は「何でいまさら」「何を今頃」と違和感を覚え、せっかく叱ったり、ほめたりしても、その効果が薄れてしまいます。

　叱るべき時には叱り、ほめるべき時には時を置かずにほめるというのが基本です。その際、叱る場合には口頭で叱るというのが原則ですが、ほめるについては「口頭でほめる」のほかに、「書いてほめる」を使うとより効果的です。

　もちろん口頭でほめられるのも嬉しいものですが、「書いてほめる」にはまた格別の嬉しさがあります。何に書くかは自由です。メモでも付箋でも、メールでも構いませんから、「すごいね」と感じたことがあったら、それを書いて渡すなり、送るなりすればいいのです。

　日本ほめる達人協会の西村貴好さんによると、こうした「ほめも（ほめるメモ）」を書く時のポイントは3つあります。

１．具体的なエピソードを入れる。

２．相手の行動や存在がどのように役に立ったのかを伝える。

３．そして感謝を添える。

　口頭で、面と向かってほめるのは照れ臭いという人も、「書く」ということであれば、普段は口にしづらい感謝の気持ちも素直に伝えられるはずです。

　さらに「書いてほめる」には、もらった相手が何度も読み返すことができるという大きなメリットがあります。

　たとえば、あなたが上司から、びっしりとほめ言葉が書かれた「ほめも」や、１枚のメモ用紙をもらったと想像してみてください。

　仕事をしていれば、失敗することもあるし、思うような成果があがらないこともあります。上司から厳しく叱責されたこともあるかもしれません。

　そんな時、ほめ言葉が書かれた紙を取り出して読み返してみましょう。読むほどに、「自分なんかダメなんだ」「なんで自分ばかりが」と煮詰まっていた気持ちがほぐれ、「いつまでもくよくよしていても仕方ないな、明日からまたがんばろう」と思えるかもしれません。

　口頭の「ありがとう」も嬉しいものですが、紙に書かれた「ありがとう」はほめられた人の宝物になるのです。「書いてほめる」も是非取り入れてみて下さい。

基本的行動

　時にはほめ言葉を紙に書いて渡してみよう。

相手のリアクションは
気にするな

　部下に耳の痛いことを伝えなければならない時、事前にやっておきたいことの１つが「脳内予行演習」です。どのようなことを話すかを１枚の紙のまとめながら、「部下が反論してきたらどう応えるか」といったことを考えます。

　ある種のイメージトレーニングですが、こうした脳内予行演習をすることで、実際の場面でカーッとなって、パワハラまがいの発言をすることを防ぐことができます。

　このように「叱る」に関しては、部下のリアクションについて検討しておくことが効果的ですが、「ほめる」に関してはむしろ部下のリアクションについては余計な期待をしない方がいいようです。

　「ほめる」ことの大切さを理解して、部下を一生懸命に観察して、「これはすごいな」というほめるタイミングに出会ったとします。上司としては満を持して「ほめる」わけですが、それに対して部下から返ってきたのが「僕はそういうのは苦手なんで」とか、「いや、そんなことはないです」といったそっけない反応だとしたら、上司はきっとがっかりするはずです。

　それまでの「ほめて育てよう」という気持ちは失せ、「えっ、

せっかくほめてやったのに、なんだ、あの態度は」とちょっとした怒りさえ湧いてくるかもしれません。

　言わば、上司にしてみれば、「期待を裏切られた」ということですが、そもそも「ほめる」にあたって、相手が期待通りの反応をするという思いこみが間違っているのです。

　日本では「ほめる」よりも「叱る」方が多く、「ほめる文化」が根付いているとは言えません。そのため、多くの人が「ほめる」ことに慣れていないように、「ほめられる」方はもっと慣れていないのです。

　しばしばこんな言葉を口にする人がいます。

　「子どもの頃から叱られることは多かったけど、ほめられたことはあまりない」

　決して出来が悪かったわけではありません。親の「しっかり育てよう」という気持ちが強すぎたのか、良いことをしても「当然」のこととしてあまりほめず、悪いことをすると厳しく叱られたという人が案外いるのです。

　そのため、ほめられたとしても、どんなリアクションをとっていいか分からない人が少なくありません。かといって、ほめられたことを本心から嫌がる人はいません。表向きはそっけない顔をしても、内心でもほめられたことを嬉しく思い、「がんばろう」という意欲が湧いているはずです。

　相手のリアクションに一喜一憂せず、決してほめることを諦めないことです。その言葉はきっと相手の心に伝わっています。

基本的行動
　相手のリアクションを気にせず心の底からほめ続けよう。

ほめ言葉より効果的な
聞き上手

　ここまで「ほめる」ことの素晴らしさや実践法について書いてきましたが、時に「ほめる」ことよりも相手に高い満足感を与えるのが「聞く」ことです。

　アメリカにおける自己啓発の基礎を築いたデール・カーネギーは「話し方入門」の本がベストセラーになるなど、「話し方の大家」でしたが、そんなカーネギーが「聞く」ことについてこんな言葉を口にしています。

　「どんなほめ言葉にも惑わされない人間でも、自分の話に心を奪われた聞き手には惑わされる」

　あるパーティーで、カーネギーは女性から「あなたの豊富な旅行話を聞きたい。私は最近アフリカに行った」と言われました。ところが、カーネギーが「アフリカ。まったくうらやましい。話を聞かせてください」と大声を上げると、女性は45分間、アフリカの話をしたといいます。

　彼女が本当に求めていたのは、自分の話の熱心な聞き手でした。しかも、彼女は別れ際にカーネギーのことを「世にも珍しい

話し上手だ」とほめちぎっています。

　このように人は話すのではなく、「よき聞き手」になることで、相手に最高の満足感を与えることができるし、最高の話し上手だと評価されるのです。

　日本で聞くことの達人だったのは、パナソニックの創業者・松下幸之助さんでした。若い社員の話でも「もうないか？」と熱心に耳を傾け、最後に「勉強になったわ」と感謝しました。

　松下さんほどの大物にここまで熱心に話を聞いてもらえば、誰もが嬉しく思いますし、誰もが松下さんを心から好きになります。「聞いてもらうこと」は、松下さんに「ほめられた」のと同じ、あるいはそれ以上の喜びを与えたはずです。

　上司の中には部下を「ほめる」のが苦手な人もいます。では、こうした上司は「聞く」にはどれほどの注意を払っているでしょうか。

　トヨタ式の上司の心構えの１つに次のようなものがあります。

　「部下の話は手を止めて聞け。時間がないなら、『いつなら大丈夫か』をその場で決めろ」

　これも聞き方の１つです。部下を「ほめる」のが苦手な人も、部下の話を真剣に聞くことはできるはずです。あなたが部下の話に熱心に耳を傾け、関心を示すことができれば、それだけで部下は「ほめられた」以上のやりがいを感じるはずです。

基本的行動
　「言葉」ではなく「聞く姿勢」でも「ほめる」ことができる。

話す人を感激させる
聞き方を身につけよう

　「聞く」ことが言葉で「ほめる」ことと変わらないほど効果を発揮するとすれば、話す人を感激させるほどの聞き手になるためには何が求められるのでしょうか。

　よく言われているのが次の8つです。

1．アイコンタクト（目を見る）
2．うなずく
3．相槌を打つ
4．復唱する
5．要約する
6．質問をする
7．メモを取る
8．表情で表す

　たとえば、あなたが1対1で話をする2つのケースを考えてみましょう

　1つのケースでは、相手はあなたの方を真剣な目で見つめ、話に大きくうなずき、タイミングよく相槌も打ってくれます。メモ

も取ります。

　もう1つのケースでは、相手はスマホを側に置いて、時々そちらを見たり、つまらなさそうにあくびをしたりします。

　もし後者だったら、たいていの人は話すのがつらくなります。このように聞く人の態度や姿勢次第で、話し手の気持ちは大きく変わってきます。熱心に話を聞いてくれれば、嬉しくなり、ほめられているような気持ちになりますが、相手が上の空だと、話すのをやめてさっさと帰りたくなるはずです。

　だからこそ、人の話を聞く時は熱心な聞き手に徹しなければならないし、そうすれば話し手は、言葉でほめられなくとも、「ほめられている」「認められている」という気持ちになるのです。

　もちろんこうした「良き聞き手」であることは、相手が尊敬する人や、大好きな人であれば自然とできますが、相手が自分より若いとか、ましてや部下だとしたらどうでしょうか。

　大切なのは部下の話に関心を示し、しっかりと聞くことです。特に「メモをとる」ことは効果的です。たとえば、打ち合わせではない、何気ない会話のさ中に、相手が「いやあ、いいお話ですね、メモさせてもらっていいですか」と言ったとすれば、話している人にとってそれは最高のほめ言葉になります。

　部下の話を聞きながら、メモをとるといいでしょう。部下は「わざわざメモをしてくれている」と感激、次にはもっといいアイデアが集まるようになります。聞く姿勢を身に付けることは、ほめ言葉に勝る効果を発揮するのです。

基本的行動
　聞く姿勢を磨くことで、ほめる力を高めよう。

部下の話は
「聞き切る」ようにしよう

　話す人を感激させるほどの聞き方を身に付けることができれば、それは同時に相手を「ほめる」のと同じほどの効果をもたらします。とはいっても、自分の部下に対して、こうした聞く姿勢を持ち続けるのは決して簡単なことではありません。

　理由の1つは、部下が持ってくる提案の中には少し聞いただけで「これはダメだな」と分かるものがあるからです。

　「世界一の投資家」と言われるウォーレン・バフェットがこう言っています。

　「判断というのは、5分でたやすくできるものです。そんなに複雑なものではありません」

　バフェットは投資話について、相手が懸命に説明している最中でも「ノー」を言い渡すことがよくありました。理由はバフェットほどの知識と経験があれば、その話が聞くに値するか、検討に値するかはすぐに判断できるからです。これは「ノー」だなと分かっていながら、さんざん話を引っ張るのは、相手にとっても、自分にとってもただの時間の浪費と考えていたからです。

　ビジネスであれば、こうした姿勢も「アリ」ですが、上司が部下に対して、話を途中で遮って、「ああ、もう分かった。そんなのやれるわけがないだろう」と言ったとすれば、部下はどう思うでしょうか。

　「せっかく提案したのに、ろくに話も聞かないで、全然ダメ、はないよなぁ」

　部下はすっかりやる気をなくしてしまい、新たな提案を考えようという意欲を失ってしまいます。

　では、反対に部下の話を最後まで熱心に聞き切ったうえで、こう言ったとしたらどうでしょうか。

　「提案ありがとう。基本的なところはすごく面白いけれど、あともう一工夫できないかなあ」

　こちらも言っているのは「このままではダメだから、考え直せ」ということなのですが、部下にとっては、上司が熱心に聞いてくれたことと、「提案ありがとう」と言ってくれたことで、「よし、認められた。もっとがんばろう」となるのです。

　経験を積んだ上司であれば、部下の言ってくる情報の中で本当に使い物になるのはいくつもないはずです。提案についても少し聞けば、バフェットのようにいいかどうかはすぐに判断できます。かといって、「時間のムダ」と切り捨ててしまっては、部下が育つことはありません。部下の話を最後まで「聞き切る」ことは、「ほめる」ことと同じように大切なことなのです。

基本的行動
　話を「聞き切る」ことを「ほめる」と同様に大切にしよう。

名前に関心を持とう

　管理職の人で部下の名前を覚えていない人はまずいないと思います。なかには新しい部署を任されることになって、「まだ顔と名前が一致しない」という人もいるかもしれませんが、「名前を呼ぶ」というのは、「私はあなたに関心を持っています」という意思表示でもあるので、「部下の数が多すぎてすぐには覚えられない」などと弱音を吐かずに早く覚えてしまいましょう。

　では、「全員の名前を覚えているよ」という管理職の方にお聞きします。

　「あなたは部下の名前を漢字のフルネームで書けるでしょうか？」

　名前は覚えているものの、全員の名前を漢字のフルネームで書けるかとなると、「ちょっと自信がない」人もいるはずです。さらに最近では部下も多国籍化しているため、漢字ではありませんが「フルネームで」に疑問符がつく管理職もいるかもしれません。

　「名前を呼ばれる」というのはとても嬉しいものです。

　かつて東京ディズニーランドで働いていた人から聞いた話です

が、その人は子どもの頃からディズニーランドが大好きで、高校生になるとすぐにアルバイトに応募しました。その面接の場で、自分のことをフルネームで呼んでくれたというのです。普通は苗字だけとなりますが、ディズニーランドの人たちはフルネームで呼んでくれました。

　まだ採用するかどうかも分からない高校生の応募者に対して、フルネームで名前を呼ぶというのは、「私たちはあなたを大切に思っています」という意思表示であり、すごいほめ言葉です。その瞬間、その人は「さすがディズニーランドはすごい」とあらためて実感し、以後、長くディズニーランドで働くことになりました。

　一流ホテルのドアマンの中には何千人もの名前を覚えていることで知られている人がいます。その１人、ホテルニューオータニの吉川和宏さんが顔と名前を覚えるメリットをこう話しています。

　「名前を覚えられて嬉しくない人はいないと思います。『自分の名前を覚えてくれていたんだ』と好意的な気持ちになり、そうすると相手も心を開き、距離感が縮まります」

　相手の名前を覚える時は、漢字に注目し、できればフルネームを漢字で書けるようにしたいものです。部下がいたら部下の名前を漢字のフルネームで覚えます。お客さま相手の仕事なら、できるだけ多くのお客さまをフルネームで覚えるだけで相手との距離感はぐっと縮まってくるのです。

基本的行動
　名前を呼ぶだけでも人と人の距離は縮まる。

「ほめる」のない職場を
想像してみよう

　保育や介護の現場でしばしば言われるのが「やりがいはあるけれども、待遇が良くない」という嘆きです。子どもの成長や人の命に関わる大切な仕事であるにもかかわらず、給与などの待遇は決して恵まれているとは言えません。

　その一方には、「待遇はいいんだけれど、やりがいはあまり感じないなぁ」と、「やりがい」を求めて転職する人もいます。そこにあるのは「やりがいがあると待遇に恵まれず、待遇がいいとやりがいは我慢するしかない」という二者択一ですが、そこには大きな間違いがあることを教えてくれるのが、アメリカの臨床心理学者フレデリック・ハーズバーグが提唱した「二要因理論（動機づけ・衛生理論）」です。

　ハーズバーグの二要因理論というのは、人事労務管理に必要な要素を「動機づけ要因」と「衛生要因」の2つに分けて考えるべきだという理論です。

1．動機づけ要因
　「承認される」「達成する」「仕事のやりがい」「責任」「昇進・向上」といった「仕事の満足度」に関わるものです。促進要因と

も呼ばれ、「ないからといってすぐに不満は出ない」ものの、「あれば仕事に前向きになる」ことができます。

2．衛生要因

「給与」「福利厚生」「（会社での）人間関係」「経営方針」「管理体制」といった、「仕事の不満」に関わるものです。不満足要因とも呼ばれ、「整っていないと社員が不満を感じる」ものの、「整っているからといって満足につながるわけではないもの」です。

このように2つの要素は「相反するもの」ではなく、お互いに足りないものを補うような関係になります。

動機づけ要因の「達成」や「承認」は、仕事のやりがいや満足度を高めてくれますが、給与などの衛生要因が満たされていないと「やりがいよりも、もう少し給料を」となりますし、衛生要因の「給与」や「福利厚生」が良くても、やりがいを感じられず、将来性を感じられないと「このままでいいのだろうか」とモチベーションの低下や転職につながります。

つまり、社員の満足度を高めるには、給与などの衛生要因をある程度は整えたうえで、仕事のやりがいや承認を高めることが不可欠なのです。その意味では「ほめる」は最高の動機づけ要因であり、「ほめる」が欠けた職場では待遇だけを改善しても働く人のモチベーションは下がり、そして辞めていくのです。

感謝や承認の気持ちは日ごろから「ほめ言葉」にして伝えてこそ人はやりがいを持って働くことができるのです。

基本的行動

「待遇＋ほめる」でやりがいを持って働ける職場づくりを。

ユーメッセージと
アイメッセージ

　自分の要求や要望を伝える方法は２つあると言われています。「ユーメッセージ」と「アイメッセージ」です。

１．ユーメッセージ
　「あなた」を主語にしたメッセージで、たとえば人をほめる時に「君はよくやってれた」はユーメッセージです。
２．アイメッセージ
　「私」を主語にしたメッセージで、たとえば人をほめる時、「よくやってくれた、私は嬉しいよ」がアイメッセージです。

　ユーメッセージでほめると、「客観的な評価」というニュアンスになりますが、そこに「私は嬉しいよ」という、「自分がどう感じているか」が加わることで、相手にはあなた自身の嬉しさがストレートに伝わるほめ言葉となります。
　このどちらを使うかで、たとえば人に何かを頼む時でも、その印象は大きく変わることになります。家庭で妻が夫にゴミを捨ててきてほしいと伝える時を考えてみましょう。
　「ちょっとゴミを捨ててきて」と言うと、用件は伝わります

が、人によっては「命令されている」と感じるかもしれません。これをアイメッセージに変えるとこうなります。

「ゴミを捨ててきてくれると、すごく助かるんだけど」

「あなたがゴミを捨ててきてくれると、私はすごく助かる」とか、「私はすごく嬉しいんだけど」といったアイメッセージが加わることで、言われた夫は妻を助けるために、あるいは妻が喜んでくれるのならという前向きな気持ちでゴミを捨てに行くことができるのです。

このように単に「○○しなさい」と言うのではなく、「私は嬉しい」「私は助かる」「私は安心できる」といったアイメッセージが入ると、人は面倒なことでも「いやいややる」のではなく、「率先してやってあげよう」という気持ちになるのです。

同様に上司が部下に何かを指示する際も、ユーメッセージにアイメッセージを加えると、部下は「頼りにされている」気持ちになるはずです。

さらにこうしたほめ方もいいでしょう。

「君は本当にがんばっているね、頼りにしているよ」と、ユーメッセージの後にアイメッセージを添えると、ほめられた部下は「上司に頼りにされている」ことが分かり、嬉しくなるし、「もっとがんばろう」という気持ちにもなります。

人は誰かにほめられるとか、認められることでモチベーションが上がります。部下のモチベーションを上げたいのなら、アイメッセージでほめてみてはいかがでしょうか。

基本的行動

部下をユーメッセージではなくアイメッセージでほめてみよう。

「質」よりもほめる「量」で勝負しよう

　上司が部下をほめるなら、滅多にない「とっておきのほめ言葉」よりも「小さなほめ言葉」を大切にしようということは既に書きましたが、中には「そうは言ってもほめることなんて簡単には見つからないよ」と思う人もいるのではないでしょうか。

　たしかに世の中を見渡すと、流れてくるニュースの多くは「決してほめられたものではないもの」がほとんどです。そんないらいらした日々を送る人にとって、たとえ小さくとも「ほめること」を探すのは決して簡単ではありません。

　ましてや仕事をしていれば「ほめる」よりも「叱り」たくなることの方がたくさんあります。しかし、それではいつまでたっても「ほめ上手」になることはできません。

　「ほめ上手」になるためには意識を変える必要があります。たとえば、「こいつはダメだ、いいところなんかないよ」と決めつけている間は部下の良い点はなかなか見えてきません。そう思っているうちは部下が何をやっても腹が立つだけです。

　しかし、そんな部下を「いいところが絶対にあるはずだ」という意識で見続けていると、それまで気づかなかったさまざまな長所が見えてくるはずです。すると、あなたが部下にかける言葉も

変わるし、部下との関係も自然と良い方向に変わり、部下自身も変わってくるのです。

　「叱る」から「ほめる」に意識を変えるために、ある人が試みたのが「ほめる」目標回数を具体的に設定することでした。それまでその人はせいぜい何日かに１回、人をほめる程度でしたが、電車に乗っている間に「３回は人をほめる」と覚悟を決めたところ、それまで気づかなかった「ほめる」に出会えるようになったといいます。

　たとえば、スマホではなく本を読んでいる学生を見れば、「今どき、本を読むなんてすごいなぁ」と感心するし、高齢者の人に席を譲る若者を見れば、「立派だ」とほめることができます。そんな「ほめる」目で電車に乗り、日々を過ごしていると、自分の周りには「ほめる」ことがたくさんあることに気づくようになったといいます。

　やがてそれが仕事でも生きるようになりました。観察力が磨かれてきたのか、部下や取引先の長所や魅力を見つけることが上手になってきたのです。こう気づきました。

　「ほめる言葉が見つからないのは、相手にいいところがないからではなく、自分自身に気づく力がないからだ」

　ほめ上手への第一歩は意識を変え、自分の周りにあるたくさんのほめるべき点に気づくことからです。

基本的行動
　「１日何回ほめる」と覚悟を決めよう。

ほめたら
「ほめっ放し」にはするな

　スポーツやビジネスの世界で指導者が「叱る」ことはあっても、あまりほめようとしないのは、ほめることが「その子のためにならない」という思いこみが影響しているのではないでしょうか。

　すごい成果をあげたり、素晴らしい成績をあげた時、ほめることへのためらいはないにしても、「ほめ過ぎ」てしまうと、いい気になって、せっかくの才能が伸びなくなってしまうことへの恐怖があるのでしょう。

　サッカーの日本代表監督を務めたイビチャ・オシムさんはチームが強くなり、若い選手たちが記者に囲まれているのを見ると、「私は頭が痛くなる」と言っていました。

　理由は若い選手が少し良いプレーをすると、メディアは「新しいスターの誕生」と書き立てますが、少し調子が落ちるとたたく側に回って、その選手がダメになっていくからです。

　もちろんメディアに取り上げられる選手にも「自分はまだまだだ」という謙虚さが求められますが、取り上げるメディアにも思慮が求められるというのがオシムさんの考え方でした。

　「ほめる」のは構いませんが、時に「ほめ過ぎ」ることは、ほめることでその人をダメにする「ほめ殺し」にもなりかねないだ

けに注意が肝要です。

　こうした配慮もあってか、日本の管理職の中には素晴らしい成果をあげても、安易にほめようとしない人がいますが、これは間違っています。

　問題は「ほめる」ことではなく、「ほめっ放し」にして、その後のフォローが抜け落ちていることに原因があります。

　人が成長するうえで、「やればできる」と確信することは大きな力になります。そのためには少し難しいことに挑戦して、それをやり遂げるという小さな成功体験を積ませ、その成長をきちんとほめることが必要になります。

　もちろん目指す目標はもっと先にあります。にもかかわらず、小さな成功に「よくがんばったね」「よくぞやり遂げた」とほめることは、せっかく伸びようとする芽を摘むことになるのではないかと心配して、ほめることに対して抵抗を感じる人もいるかもしれません。

　「ほめすぎたら、天狗になるのでは」という懸念です。

　たしかにほめたことで、「俺はすごいんだ」「十分がんばった」と自己満足して、その後の努力を疎かにすることがあると、それは「ほめっ放しの罪」となります。

　大切なのはほめることで上がったやる気の使い道、つまり「次の目標」をしっかりと見せることです。ほめるべきはほめ、しかし、「君はもっとがんばれば先へ行ける」と教えることで、さらなる挑戦を促すことが何より大切なのです。

　基本的行動
　ほめる時にはほめっ放しにせず次の目標を指し示そう。

「ほめられる技術」を
忘れずに

　ここまで「ほめる」ことの大切さや、「ほめる」技術について触れてきました。ほめるのが苦手な人も、ほめることの大切さを知り、日常的にほめることを意識すれば必ずやほめ上手になれるはずです。

　ところが、こうしてほめる側が一生懸命にほめようとしても、一方のほめられる側が慣れていないと、せっかくのほめ上手も生きてきません。

　たしかに日本人には新渡戸稲造さんが「武士道」で触れていたように、感情をあらわに見せるのは無礼なことであり、考えたことをすぐに言葉にするのは、浅薄な人間のやることだといった考え方があります。

　韓国のある有名俳優が、韓国の女性が感情を激しく表に出すのに対し、日本の女性はおとなしく穏やかだと話していました。韓国と比べてさえそうなのですから、感情表現豊かな欧米人から見ると、日本人は「おとなしい」「無表情」「無反応」と言われるのは当然かもしれません。

　大相撲でも勝った力士が派手なガッツポーズをすることはありません。負けた力士が悔しいからと立礼もせずに土俵を去ること

もありません。勝った喜びよりも敗者への思いやりを重んじるのが日本人の伝統的なあり方です。

　そのせいでしょうか誰かにほめられたとしても、日本人の多くは喜ぶのではなく、つい嬉しい気持ちを押し殺して「いやいや、私なんて」「いや、自分はまだまだです」と答えてしまうことがよくあります。

　たしかに日本人的感覚から言えば、「君はすごいね」とほめられて、「そうなんだよ、俺は本当にすごいんだよ」などと答えてしまうと、ほめた側が白けてしまい、「なんか、こいつ調子に乗っているな」「ちょっとほめたからって言い気になるなよ、もう少し謙遜しろよ」とプラスの評価が一瞬にしてマイナス評価に変わることになってしまいます。

　ほめられた時に、過度に謙遜すると、せっかくほめてくれた相手に失礼になるし、逆に「そうなんだよ」などと言おうものなら、反感を買うというところに、日本における「ほめる」と「ほめられる」の厄介さがあります。

　もしかしたら日本では「ほめ上手」になる以上に、「ほめられ上手」になるのは難しいかもしれません。

　では、ほめられた時に失礼にもならず、反感も買わないためにはどうすればいいのでしょうか？ほめられたなら、「いいえ、私なんか」と言いたい気持ちを押し殺して、素直に「ありがとう」や「嬉しい」と言いましょう。それだけで「ほめた」人は「ほめた甲斐があった」と嬉しくなるのです。

基本的行動
　ほめられたなら素直に「ありがとう」「嬉しい」と言おう。

ほめる時には全身全霊で

　落語家でタレントの笑福亭鶴瓶さんがしばしば共演者などから指摘されているのが「目が笑っていない」です。

　鶴瓶さんと言えば、テレビでお馴染みのとてもにこやかな表情を思い浮かべますが、しばしば共演者の方に「目が笑っていない」と言われるとすれば、どこかに理由があるはずです。

　単なるイジリなのか、愛情表現なのか、本心なのかは分かりませんが、あれほどにこやかな顔をした人が「目が笑っていない」と言われるところに表情や表現の厄介さがあります。

　「目が笑っていない」と言われた人は、ほめ言葉ではなく、相手にあまり良い印象を持たれていないな、と感じるはずです。「目が笑っていない」と言われる時、表情はかなりの笑顔になっています。言葉でも「面白いね」とか「楽しいね」と言っているかもしれませんが、それでも「目が笑っていない」と言われるとしたら、相手にとってその人は「本当は面白くないと思っているのに表情だけで無理に笑っている」と見えているということです。

　「本当は嫌だなと思っているのに、この人は表情だけにこやかにして取り繕っている」と相手に感じさせたとすれば、「表情からだけでは本心が読み取れない安心できない人」となってしまい

ます。

　人はその人の言葉だけでなく、その表情や態度なども一致してこそ、「この人は信頼できる」「この人の言っていることは本当だ」と信じることができるのです。

　つまり、相手に意思を伝える時には、言葉に気を付けるのはもちろんのこと、表情や態度、口調といった、言葉以外にも気を付ける必要があります。

　いくら上司であるあなたが部下を「よくがんばった、今後も期待しているよ」とほめたとしても、感情のこもらない口調、笑顔のない表情で言ったとしたら、部下は「この人は本気でがんばったと思っているのかな」と「気持ちのこもらない形だけのほめ言葉」と受け取ることになるのです。

　そうならないためには、ほめる時にはほめ言葉だけでなく、表情や態度、口調にまで配慮をすることが必要になります。ほめる時には、あれこれ余計なことを考えず、相手が誤解する余地がないほどに、手放しで思いきりほめればいいのです。

　「そんな大げさなほめ方をすると、相手が引いてしまうのではないか」と思うかもしれませんが、元来、日本人はほめるのが下手ですし、ほめられるのはもっと下手です。そんな下手同士が相手をほめるのですから、ほめる時には全身全霊でほめればいいし、ほめられる側もちょっと大げさなくらいに「ありがとうございます」と言えばいいのです。

基本的行動
　ほめる時には照れることなく全身全霊でほめよう。

人は「ありがとう」と 言ってもらいたいのです

　かつてある飲食店チェーンの経営者がこんな趣旨の目標を掲げたことがあります。

　「日本一の売上げや日本一の店舗数よりも、日本で一番お客さまから『ありがとう』を言ってもらえるお店になろう」

　企業が掲げる目標というと、どうしても売上や利益、店舗数といった数値目標になりがちです。もちろん企業が発展していく上では大切なことですが、それよりもお客さまからの「ありがとう」を目標に掲げたところにユニークさがありました。

　現実にはどうやって「ありがとう」の数を数えればいいのか迷うところですが、企業にありがちな「顧客満足度」という抽象的な響きに比べれば分かりやすいものと言えます。「ありがとう」と言ってもらうためには、お客さまの役に立つこと、お客さまが喜ぶことは何かを考え、お客さまのために行動することが必要になります。

　そしてそれは同時に飲食店チェーンという厳しい現場で働く人たちにとってお客さまからの「ありがとう」がどれほどの価値を持つのかも教えてくれます。

　トヨタ式を実践する工場では、働く人たちが問題に気づき、そ

の解決策を改善提案として提案します。通常は紙にまとめて提出しますが、ある企業では、その中から選ばれた優秀な改善提案に関しては、経営者を初めとする管理職が現場に出向き、そこで提案者からの説明を聞くスタイルを取っています。

理由を経営者はこう話しています。

「報奨金よりもみんなの前で発表すること、聞いてもらうことが大きな励ましになりますから」

人は良い提案に対して報奨金をもらうことよりも、みんなが自分の提案に耳を傾け、そして「良い提案をありがとう、これからもがんばって」と言ってもらうことの方がはるかに嬉しいのです。まさに「聞くことこそ最大の報奨」なのです。

マズローの 5 段階欲求を持ちだすまでもなく、人は誰かの役に立ちたいし、認めてもらいたいし、「ありがとう」と言ってもらいたいのです。

部下をはじめとする他人をほめることが苦手な人も、誰かからほめられたいと思っているし、ほめられれば嬉しいはずです。

にもかかわらず、ほめることができないのは、ほめることの大切さやその意味をしっかりと理解していないからではないでしょうか。誰も認めてくれないのでは、自分は何のために働いているのかが分からなくなります。

「ほめる」というのは相手を認めることであり、お金のかからない、しかしとても効果のある行為です。まずは周りの人たちに感謝を込めて「ありがとう」と言ってみてはいかがでしょうか。

基本的行動
まずは「ありがとう」と言ってみよう。

第3章

「ほめる力」を高めるために
心がけること

「すみません」と言いかけたら 「ありがとう」と言ってみよう

　前章では「ほめる」ことの意義や大切さ、「ほめる」技術などについて書いてきました。

　しかし、現実には頭で分かっていても、実行には移せないのが人間です。その難しさをこんな不等式で表した人がいます。

実行すること＜口にすること＜頭で考えたこと

　人は頭で考えたことのすべてを口にするわけではありませんし、口にしたことの何分の一しか実行することはできません。頭では「分かって」いても、「できる」ことは限られています。

　「ほめる」に関しても、その大切さは理解していても、いざ実行しようとなると時に照れ臭さが邪魔をしたり、やはり短所や問題にばかり目が行って、「これじゃあ、ほめるどころじゃない」と「叱る」に向いてしまうというのもよくあることです。

　これではなかなか「ほめ上手」になることはできません。「ほめ上手」になるためには、日ごろのちょっとした習慣を変えていくことが効果的です。

　その１つが、ちょっとした感謝の気持ちを表す時に何気なく口

にしている「すみません」を「ありがとう」と言い換えてみることです。

　たとえば、エレベーターに駆けこんだら、誰かが「開」のボタンを押して待っていてくれた時、「すみません」ではなく、「ありがとうございます」。

　商談などで相手先を訪問して、お茶が出たら、「あっ、すみません」ではなく、「ありがとうございます」。

　2人で電車に乗ったところ、席は空いているものの、2人並んで座ることができなかった時、1人の人が動いて2人分の席を開けてくれた時にも、「すみません」ではなく「ありがとうございます」とお礼を言います。

　部下に「ちょっとあの書類を持って来て」と言って、持ってきてくれたら「どうも」ではなく、「ありがとう」を。

　このように「ありがとう」に言い換えられる言葉は、意識して全部言い換えます。ちょっとしたことですが、これだけのことで家庭や職場には「ありがとう」が溢れることになります。

　「ありがとう」と言われて嬉しくない人はいません。

　無表情な「すみません」では決して笑顔になることはできませんが、「ありがとう」と笑顔で言えば、言われた人も嬉しくなって、つい笑顔になります。

　面と向かって言葉で「ほめる」ことは照れ臭いという人も、ちょっとした「ありがとう」なら照れずに言えるはずです。それも立派な「ほめる」なのです。

基本的行動
　「すみません」ではなく「ありがとう」を習慣にしよう。

マイナスの言葉より
プラスの言葉を

　「ほめ上手」になるためには、「すみません」の代わりに「ありがとう」で言い換えるように、言葉遣いに気を使うことが効果的です。

　「たかが言葉」ですが、前向きな言葉を使うか、後ろ向きな言葉を使うかという違いだけで人も職場も大きく変わってくるのです。

　ある大企業の生産子会社が赤字転落の危機に陥りました。理由はそれまで自社で大量に生産していた製品が海外に生産移管されることになったからです。赤字転落を避けるためには大幅な改革が避けられませんでした。

　新しく社長に就任したCさんはリストラではなく、つくり方などを変えることで危機を乗り越えることにしました。その際、Cさんが社員に求めたのは「気持ちを前向きに持つこと、後ろ向きの言葉ではなく、前向きの言葉を使うように心がける」ということとでした。

　何かをやろうとする時、つい「こんなのできるはずがない」「そんなのやってもムダだよ」とやる前からあきらめる人がいます。ちょっとでも壁にぶつかると「困ったなぁ」「難しいなぁ」「やらなきゃよかったなぁ」とすぐに弱音を吐いて、へこたれる

人もいます。

あるいは、若い人の中には、少しでも意に沿わないことがあると、「むかつくなぁ」と悪態をつく人もいます。

しかし、これでは何も進みません。

あきらめたり、途中で投げ出すのは簡単ですが、それでは何も得ることはできません。たとえ結果的に失敗したとしても、最後までやり通した時の方がはるかに得るものは多いのです。

Ｃさんは、社員に対して「困る」「できない」「むかつく」「面倒くさい」といった後ろ向きの言葉は決してつかわず、常に前向きに「やってみよう」を求めたのです。

会社が厳しい状態にある時、社員はどうしても不安になり、暗い気持ちになりがちですが、それでは何かを大きく変えていくことはできません。何かを変えるとか、新しいことに挑戦するためには「愚痴る」のではなく、「とにかくやってみよう」という前向きさが大切なのです。

仕事で「しんどい」と感じたら、愚痴を言うとか、我慢せず、「どうしたら楽になれるのか」と前向きに考えてこそ改善の知恵も出るし、やりがいも生まれるのです。

そんな前向きな取り組みが功を奏したのか、Ｃさんの会社は数年後にはグループナンバーワンの品質と利益率を誇る会社へと変わることができました。プラスの言葉、前向きな言葉にはそんな力があるのです。

基本的行動
マイナス言葉は封印して、プラスの前向きな言葉を使おう。

「ああ、そりゃよい考えだ」と言ってみよう

　「ほめる」習慣を身につけるためには、西村貴好さんによると、「まずほめて、理由はあとから考える」ことだといいます。

　人と出会った時、「どうやってほめようか？」「どこをほめようか？」などとあれこれ考えるのではなく、口癖のように次の３つの言葉を使えばいいといいます。

１．すごい
２．さすが
３．すばらしい

　西村さんはこの３つを「３Ｓ」と名付けて、まずは口癖のように使います。すると、脳にスイッチが入って、「なぜすごいのか」「何がさすがなのか」「どこがすばらしいのか」という理由を必死になって考えるようになり、いつの間にか「良いところ」「ほめるところ」を見つけるのが上手になるというのです。

　慣れないうちは「すごいですねぇ」と言ったものの、相手に「何が？」と言われて口ごもることもあるかもしれませんが、一種の習慣として続けることができれば、誰かと出会った時、誰か

の話を聞いた時、自然と「理由付きのほめ言葉」が言えるように
なるはずです。

　これと同じやり方を上司は部下にやってみてはいかがでしょう
か。但し、ここでは容姿や態度をほめるということではなく、ア
イデアをほめることになります。

　東芝の技術者として活躍、日本におけるQCの普及にも尽力し
た西堀栄三郎さんによると、アイデアが役に立つには「モノ」に
することが必要で、そのためには「育てる心」が欠かせないとい
います。

　では、アイデアを「育てる」にはどうすればいいのでしょう
か？　こう秘訣を話しています。

　「『育てる心』を持つ秘訣は、アイデアの内容をろくすっぽ聞か
ない先に『ああ、そりゃあよい考えだ』と言うことです。『よい
考えだ』と言った手前、自分が『反対者』になることを妨げ、ど
うしても育てにゃいけないようになってきます。自分自身に切迫
感を感じさせる1つの方法なのです」

　部下からアイデアを聞かされたとき、「ああ、そりゃよい考え
だ」と言えば、部下にとっては「ほめられた」ことになり、上司
も部下も「よい考えだ」と言った以上、何が何でも「モノ」にし
なければなりません。まずほめて、どうするかは後から考えるの
も「ほめ上手」になり、成果をあげるための方法でもあるのです。

基本的行動
　理由は後回しにして、まず「さすが」「よい考えだ」と言ってみる。

044 　イエス変換法

「ノー」ではなく、
「イエス」を心がける

　アイデアを聞いた瞬間に上司が「ああ、そりゃよい考えだ」と言うのは、部下にとっては「ほめられる」と同時に「このアイデアをモノにしような」と背中を押されたことにもなります。

　では、一方の部下の心構えとしては何が必要になるでしょうか。「それはすぐに『はい』と返事をすることだ」と言う人がいます。

　その人は若い頃から先輩や上司から「この件をやってくれる？」と言われたら、即座に「はい」と言うようにしていたといいます。細かいこともあまり聞かず、「できる」という絶対の自信はなくとも、まずは「はい」を心がけていました。

　当然、いざやってみて苦労をすることもありましたが、「できる」とか「できない」とか、「やりたい」とか「やりたくない」を考えることなく、まず「はい」と言ってしまえば、あとは「どうすればできるか？」を真剣に考えるほかありません。

　そんな経験を積むうちにその人の仕事力は確実に上がっただけでなく、「頼りになる奴」としての評価も得るようになったといいます。そして今、若い人にこう言い続けています。

　「先輩や上司は、困っているから下の人間に『やってくれる？』

044 イエス変換法

「ノー」ではなく、「イエス」を心がける

　アイデアを聞いた瞬間に上司が「ああ、そりゃよい考えだ」と言うのは、部下にとっては「ほめられる」と同時に「このアイデアをモノにしような」と背中を押されたことにもなります。

　では、一方の部下の心構えとしては何が必要になるでしょうか。「それはすぐに『はい』と返事をすることだ」と言う人がいます。

　その人は若い頃から先輩や上司から「この件をやってくれる？」と言われたら、即座に「はい」と言うようにしていたといいます。細かいこともあまり聞かず、「できる」という絶対の自信はなくとも、まずは「はい」を心がけていました。

　当然、いざやってみて苦労をすることもありましたが、「できる」とか「できない」とか、「やりたい」とか「やりたくない」を考えることなく、まず「はい」と言ってしまえば、あとは「どうすればできるか？」を真剣に考えるほかありません。

　そんな経験を積むうちにその人の仕事力は確実に上がっただけでなく、「頼りになる奴」としての評価も得るようになったといいます。そして今、若い人にこう言い続けています。

　「先輩や上司は、困っているから下の人間に『やってくれる？』

104

と頼むんだよ。その時に『はい』と言うのは、やり方を知っているというよりも、やる気があるという意味なんだ。だから、先輩や上司はかわいがって助けてくれる。それが自分の成長にもつながっていくんだよ」

　難問を前に「はい」と言うのは難しいものですが、それでも「はい」と「いいえ」の違いを知ることはとても大切なことなのです。宅急便を開発し、定着させたヤマト運輸の小倉昌男さんは、「イエス」の社員はぐんぐん成長するし、そういう会社は伸びると考えていました。

　「ノー」から入ると、「無理です」という答えになるのに対し、「イエス」から入るということは、「ほめる」と同じく相手を尊重し、敬意を払うことであり、あとに続くのは「やれる方法を考えます」となります。

　宅急便の歴史はお客さまからの無理難題に「イエス」と答え、その方法を考え続けてきた歴史であり、だからこそ日本にとって欠かせないインフラになることができたのです。

　「ノー」から入る人は、「できない言い訳」を考えるのは上手でも成果をあげることはできないのに対し、「イエス」から入る人は「どうすればできるか」を考える習慣が身に付き、成長と成果を手にします。そして相手を尊重する人は、周りからも尊重される人になることができるのです。

基本的行動
　「やってくれる？」には迷わず「はい」と答えよう。

「思い込み」が「ほめる」の邪魔をしていませんか

　人が人を評価する場合、そこには時に予断や偏見が入りこみ正しい評価を邪魔することがあります。

　「あいつはできる」と思い込んでいる部下であれば、いくらでもほめることができるのに、「あいつはダメだ」という思い込みが強すぎると、その部下のやることなすこと気に食わなくなりますし、ほめるのではなく、叱るばかりが増えてしまいます。

　時には「自分は予断や偏見を持って人を見ていないか？」と自ら顧みるのも、「ほめ上手」になるためには必要なことかもしれません。

　ある経営者Dさんが若い頃の経験についてこう話しています。

　同社は中途採用が多く、ある時、名門大学の大学院を出た人が中途採用に応募してきました。誰もが優秀と認めましたが、生意気な態度や話しぶりが鼻につき、最終的に不採用になりました。そのことをDさんが社長に報告すると、こう指摘されました。

　「人間を生意気だなんて、うわべの印象だけで判断すると大きな失敗をしますよ。大学はすぐ近くなんだし、指導教授に話を聞いて来ればいいじゃないですか」

「あんな生意気な奴、どうせロクな評判はないだろう」と思いながらＤさんがしぶしぶ大学を訪ねて指導教授たちの話を聞くと、誰もが応募者の優秀さと人間性を高く評価しました。

Ｄさんが会社に戻り、社長に報告すると、こう言われました。

「だから言ったでしょ。物事っていうのは、うわべだけで判断しちゃいけないって。調べられる範囲のことは、ちゃんとやらないとダメなんです」

一旦、ノーを出した応募者はすぐに採用になり、入社後は評判通りの働きで期待に応えたといいます。

この経験を経て、Ｄさんは以来、こう考えるようになりました。

「予断と偏見は人の目を曇らせる。人を評価する時は、うわべで判断せず、周囲から聞こえてくる情報も参考程度にして、自分でできる範囲で、人となりを確かめよう」

Ｄさんが言うように思い込みは人の目を曇らせます。「あいつは○○だ」というラベリングもそうですが、一旦、「あいつはこうだ」と思いこんでしまうと、せっかくのほめるべき点も目に付かなくなり、悪いところばかりが目に付くようになります。もちろんその逆もあります。

しかし、これでは人を正しく見ることはできないし、評価もできません。ラベルをはがして、白紙になってものを見ることも必要なことです。「ほめる」にとって思い込みほど危険なものはないのです。

基本的行動
思い込みを捨て、白紙になってものを見よう。

CHANGE−T=CHANCE

失敗やトラブルさえ
「チャンス」と考えよう

　上司であるあなたが「ほめ上手」になるためには、どんな時も心に余裕を持ち、前向きであることが大切になります。なぜでしょうか？

　日々の仕事に追われ、余裕のないリーダーはどうしてもネガティブな思考に支配され、部下にダメだしばかりをしてしまいます。ほんのささいなことにも部下を叱りつけたり、失敗を恐れてチャレンジすることもできません。

　こうした職場では上司はいつもイライラし、部下は上司のご機嫌を気にしながら仕事をするようになるため、部下の士気は下がり、職場全体の雰囲気も暗くなってしまいます。

　これでは「ほめる」どころではありません。ほめ上手になるためには、たくさんの「ほめ言葉」を覚えること以上にものの見方や考え方を変えていくことがとても効果的なのです。

　成功者のほとんどは失敗に対して必ず前向きです。「発明王」トーマス・エジソンの有名な言葉があります。

　「失敗などしていない。うまくいかない方法を1万通り見つけただけだ」

　たいていの人なら1万回も失敗すれば嫌になりますし、そもそも1万回の失敗に耐えられる人などほとんどいません。ところが、エジソンにとって失敗は嘆き悲しむものではなく、成功へ導いてくれるありがたいものだったのです。

　こうした「前向き思考」こそがエジソン研究所のメンバーを奮い立たせ、電気の時代を切り開く力となったのです。

　もちろん日々のビジネスにおいて1万回の失敗をする余裕はありませんが、それでもこうした「失敗は成功へ導いてくれるもの」という考え方をすることができれば、上司は部下の失敗に対して前向きになれるし、部下の挑戦を後押しすることができるのです。ある人が「トラブルを解消すれば、チェンジはチャンスに変わる」と話していました。

　チェンジ（CHANGE）という言葉には、小さな「T」（トラブル）が隠れていますが、トラブルを解消すれば、チェンジの「G」が「C」に変わり、チェンジはチャンス（CHANCE）となるというのです。

　たしかに新しい挑戦にはトラブルが付き物です。失敗もあります。そんな時、最もやってはいけないのは「やめる」と「元に戻す」ことです。それよりもトラブルや失敗の原因を突き止めて、その解決に努めれば、間違いなく新たなチャンスが開けるのです。

　上司の役目は挑戦する部下の背中を押すことであり、失敗した時には責任追求よりも原因追求を優先することです。上司にその心構えがあれば、部下は前向きになれるし、職場も明るくなるのです。自然と「叱る」より「ほめる」が増えてきます。

基本的行動
　失敗を前向きに捉えることが「ほめる」につながる。

煮詰まったら
思い切って休んでみよう

　仕事があまりに忙しく、気持ちに余裕がなくなると、周りを冷静に見ることもできなくなります。自然とほめる力も弱ってきます。そんな時には少し休んで心の余裕を取り戻すことも必要かもしれません。

　ある企業の経営者Eさんは中堅の頃、あるプロジェクトを任されていましたが、毎日夜の10時、11時まで残業をして、土日も休日出勤で働いたものの、一向に赤字から抜け出すことができませんでした。

　本人はもちろん、チームのメンバーも「これ以上どうがんばったらいいんだ」という絶望的な気持ちになり、チームの雰囲気もとても暗いものでした。

　そんなある日、Eさんは上司からこう言われました。

　「君たちがそんなに一生懸命働くから赤字になるんだ。そんなに仕事をするのをやめたら黒字になるよ」

　この言葉をEさんがメンバー伝えると、最初は「要は結果も出ないのにムダな残業なんかするなっていうことですか」「残業代を払うのがもったいないってことでしょう」という反発ばかりでしたが、しばらくして落ち着くと1人のメンバーがこう言いました。

「しゃにむに頑張るのではなく、1回休んで冷静になれ、ということじゃないですか」

何でもそうですが騒動の渦中にいると、案外自分の置かれた状況が見えなくなるものです。そんな時に焦ってもがくとさらに状況が悪化するだけに、1度外に出て客観的にものを見るのも必要なことなのです。

そこで、Eさんはメンバーにこう言いました。

「残業なんかやめて、みんな定時で帰ろう。バカバカしいから土日の出勤もやめよう。どっちみち赤字なんだから」

これがものすごい転機になりました。残業も休日出勤もやめたことで考える余裕が生まれたのです。冷静になって、「何が問題か」を分析すると、自分たちの製品開発のやり方に問題があり、そこを改善すればいいということが分かったのです。

早速、新しいやり方に変えたところ、それまでどんなにがんばって働いても赤字から抜け出せなかったプロジェクトの状況が好転、しばらくすると何とか黒字が出るところまで改善することができたのです。

仕事が忙しすぎると、家庭でも職場でも気持ちの余裕を失うことがよくあります。余裕がなくなると良いことよりも悪いことに目が行き、「ほめる」ことから遠ざかることになります。しかし、これではますます気持ちが暗くなるだけです。

煮詰まったら思い切って休んでみることです。余裕を取り戻すこと、それが成果へとつながっていくのです。

基本的行動
煮詰まったら休んでみよう。それが「ほめる」力を回復させる。

悪いところではなく、良いところを３つ挙げよう

　2018年の平昌オリンピックの女子カーリングで日本初の銅メダルを獲得、日本中に一大旋風を巻き起こしたロコ・ソラーレ（当時はLS北見）が北見市に凱旋帰国した際、吉田知那美選手が口にした言葉はとても素晴らしいものでした。

　吉田選手は「正直この町、何にもないよね」と会場の笑いを誘った後、この言葉を続けました。

　「（私も）この町にいても絶対夢はかなわないと思っていた。だけど、今はこの町にいなかったら、夢はかなわなかったなと思う」

　吉田選手は早くに地元を離れ札幌のチームの一員としてオリンピックに出場していますが、その後、夢破れて北見に戻りロコ・ソラーレのメンバーとして銅メダルを獲得しています。「何もない」はずの町に戻ったら、そこには素晴らしい仲間がいて、その仲間と夢をかなえることができたという吉田選手の言葉は、全国の「何もない」町に暮らす人たちに大きな勇気を与えるものでした。

　人間は本能的に長所を見つけるより、短所を見つけるのが得意です。既に触れたように自分を顧みても、長所が１つか２つ見つ

かる間に、短所は７つも８つも見つかるはずです。生まれ育った町には「何もない」し、周りの上司や同僚、部下たちも短所ばかりが目に付くのです。

　しかし、いつまでもそうでは、ものの見方が一面的になってしまいます。発想を広げ、ほめ上手になりたいのなら、次の試みにチャレンジしてみましょう。

　夫や妻、仲のいい友人、会社の上司や部下、同僚など、身近な人の長所を「３つ」挙げてみましょう。

　「長所を３つ」がポイントです。３つも探すとなると、既に触れたような「短所を長所に読み替える」といった思考パターンの変更も必要ですし、「あの人はこういう人だ」といった思いこみを脱して、相手について深く思慮することも必要になってきます。

　自分の好きな人や尊敬する人であれば難しくはありませんが、あまり好きではない人、嫌な上司について長所を３つも探すのは大変です。しかし、トレーニングを続けるうちに人だけでなく、ものなどについても「短所」ではなく「長所」を探せるようになるはずです。そんな目で地方のさびれた街を見れば、「日本の良さを残す街」になるかもしれませんし、雪国の厄介な雪も「外国人にとっての素晴らしい景色」になるかもしれません。

　身近な人だけでなく、あらゆる人や製品について、「長所を３つ」探しましょう。あとはそれを「ほめる」だけでいいのです。

基本的行動
　あらゆる人やものについて「長所を３つ」探してみよう。

部下全員の「長所」を
言えるようになろう

「ある支配者の頭脳を推し量る時、第一になすべきは、彼が身近に置く人間たちを見定めることだ」は「君主論」の一節です。著者ニッコロ・マキャベリによると、身近に置く人間が有能で忠実なら名君とみなせるが、そうでない時は力量が疑わしいものになるのです。

経営者やリーダーにとっても、自分の身近にどんな人間を置くかで成果は左右されます。GEの伝説のCEOジャック・ウェルチは「自分が一番バカに見えてしまうような優秀な人をメンバーとして集める勇気こそ優れたリーダーには必要だ」と考えていましたが、たしかに有能だが可愛げのない部下と、可愛げはあるが能力の劣る部下のどちらを選ぶかでリーダーの性格を知ることができます。

ある部署を率いる時、上司がそのメンバーを自由に選べるならこれほど楽なことはありませんが、現実には与えられた部下を率いるほかはありません。当然、その中には上司にとって気の合う部下もいれば、気の合わない部下もいます。

能力の高い部下もいれば、能力の低い部下もいます。これを組み合わせると、気は合うけれども能力の低い部下もいれば、気は

合わないけれども能力の高い部下もいることになります。もちろん気が合って能力の高い部下も、気が合わなくて能力の低い部下もいるかもしれません。

さらに最近では同じ部下とはいえ、雇用形態や国籍なども多様化し、年上部下を率いることもあるだけに大変です。そんな上司に求められるのは「好き・嫌い」ではなく、「公平さ」であり、みんなの力をいかにして１つにまとめるかということです。

どうすればいいのでしょうか？

みんなの力を１つにまとめるためにもやりたいのが「部下全員の長所を言えるようになる」ことです。気の合う部下や能力の高い部下の長所はよく見えますが、気の合わない部下や能力の低い部下についてはどうしても短所に目が行きます。しかし、それではみんなをまとめることはできません。

部下全員の長所を言えるようになるためには、気の合わない部下や能力の低い部下も含めてじっくりと観察することが必要になりますし、「こいつは出来が悪い」というフィルターをはずしてみることが求められます。

すると、「気が合わない」部下のすぐれたところが見えてきたり、「できない部下」の意外な能力もみえてくるはずです。人間である以上、好き嫌いがあるのは仕方ありませんが、好き嫌いで部下を評価していては上司としての力量が疑われます。全員の長所が言えるほどの強い関心を持って部下を見てみましょう。そこにはこれまでと違う部下の姿があるかもしれません。

基本的行動
全員の長所が言えるほど強い関心を持って部下を見よう。

まずは自分で自分を
ほめてみよう

　あらゆるコミュニケーションの中で、最も多いのは自分とのコミュニケーションと言われています。

　コミュニケーションには「1対1」のものもあれば、「数人」を相手にするもの、「大勢の人」を相手にするものもあります。直接、会って話をすることもあれば、電話やネットを通してコミュニケーションをとることもあります。

　その数もかなりのものですが、最も多いのは「自分対自分」と言われています。人は誰でも、日々頭の中で、自分自身に問いかけ、自分で答えるという作業を繰り返しています。自問自答です。その数は毎日3〜4万回と言われ、人によっては「5万回の自問自答」という言い方をする人もいます。

　この自問自答は心の中で無意識に行われていますが、その際、どんな言葉で語りかけ、どんな言葉で答えているかは実は大きな意味を持っています。

　物事に前向きに取り組むためには、マイナスの言葉ではなくプラスの言葉を使うことが効果的ですが、自問自答においても、できるならマイナスの言葉ではなくプラスの言葉を使いたいものです。

　アメリカ大統領のドナルド・トランプは若い頃から卓越したビ

ジネスパーソンでしたが、朝起きるといつもこう自分に言い聞かせていたといいます。

「今日は素晴らしい日だ」

こう自分で自分に言い聞かせることで熱量を上げ、1日のスタートを切るのがトランプのエネルギー源でした。

はっきりと言葉にするかどうかはともかく、「自分対自分」のコミュニケーションで心がけたいのが「自分で自分をほめる」ということです。

誰かをほめるには、まず自分自身が自分を信頼することが大切になります。そう言うと「誰かをほめるのはともかく、自分はそんなほめられるようなことはしていないし」と謙遜する人がいますが、これまで触れてきたように「ほめる」というのは特別なことでもないし、「とびきりの出来事」である必要もないのです。

日々のほんの些細な出来事、たとえば電車の中で席を譲ったとか、コンビニで丁寧に対応をしてくれた人に「ありがとう」と言ったとか、そんな当たり前のことでも、「自分はちょっといいことをしたな」と思ったらすかさず自分をほめましょう。

日々何万回も繰り返される自問自答の中に、こうした「自分ほめ」や「プラスの言葉」が増えることで、人は少しずつ自信をつけ、前向きに生きることができるようになるのです。そんな自分で自分をほめることのできる人こそが、他の人の価値を見つけてほめることができるのです。

基本的行動
日々、自分で自分をほめてあげよう。

笑顔は自分からつくるもの

「うちの職場にはまったく笑顔がない」「うちの職場のメンバーは元気がなくてね」、そう嘆く管理職や経営者がいます。

「なぜでしょうね？」と言われて、その人を見ると、何だか暗い表情をして、眉間にしわを寄せた難しい顔をしているということがよくあります。

「笑顔がない」と嘆く人に限って笑顔がないものです。

たしかに会社やチームを率いる以上、いつも笑っているというわけにはいきませんが、少なくとも社員の前では前向きな表情を心がけたいものです。

アメリカに「墓場で口笛を吹く」という言い方があります。危機に臨んでも平静でいるというような意味ですが、これはリーダーにとって必要な資質の1つと言えます。

ウォーレン・バフェットが多額の投資を行っていたある保険会社が経営危機に陥った時、バフェットが再建のために社長に選んだのは「労多くして成果の出にくい」仕事にも敢然と挑みながらも、決して明るさを失わないジャック・バーンでした。

バーンは大胆な改革に取り組む一方、出社すると吹き抜けになった上の階に帽子を投げ、秘書たちに大声で「ハロー」と挨拶

しました。社員が毎朝働きにくる場所を明るく楽しいものにしたいという気持ちからでしたが、その理由をこう話していました。

「私が墓場で口笛を吹かなかったら、誰が吹くんだ？」

「私が踊らなかったら、誰が踊るんだ？」

再建への道は険しいものですが、だからこそトップは明るく元気でなければならないというのがバーンの考えでした。やがて同社は立ち直り、バフェットは「経営者として正しい人間を選んだ」ことに満足しました。

いかにもアメリカ人らしい考え方ですが、たしかにリーダーが明るく元気で前向きなら、その職場は明るく元気で前向きなものに変わります。そのために大切なことの１つが「笑顔」です。

笑顔は最強のコミュニケーションツールの１つであり、それだけで相手に安心感を与え、周りも明るくします。上司が明るい表情をしていれば、部下の表情も明るくなり、職場の雰囲気もとても良いものになります。

しかし、なかには「笑顔に自信がなくて」「笑顔を浮かべろといっても何に対して」と言う人もいますが、「笑顔は自然となるものではなく、自らつくるもの」なのです。最初は「つくり笑顔」でもかまいません。上司がそうやって笑顔を心がけていれば、相手も笑顔になり、自分も本当の笑顔になるのです。

いつも「ほめる」わけにはいきませんが、「笑顔」はいつでも浮かべることができるし、それが部下にとっては「ほめられている」のと同じ効果を持つのです。

基本的行動

大変な時にこそ「笑顔」や「明るさ」を意識しよう。

過去の出来事は変えられないが、「価値」は変えられる

　「ほめる」というのは相手の価値を見出し、尊重することです。そしてほめる相手は人間だけとは限りません。

　たとえば、過去のつらい出来事の意味を変えることで価値あるものに変えることもできるというのが「ほめ達」こと西村貴好さんの考え方です。

　過去に経験した出来事の中には、思い出すことさえ辛い、忘れたくなるようなものが含まれています。

　それが起きたという「事実」は変えることはできませんが、西村さんによると、その「意味」は変えられるというのです。

　西村さんが小学校四年生の時、通っていた小学校で生徒会の選挙がありました。四年生は会長には立候補できませんが、副会長には立候補できます。しかし、過去に当選した人は誰もいません。「それなら僕が」と考えた西村さんは、選挙に立候補しました。

　ところが、他の候補者が手書きのポスターを貼るなど一生懸命活動しているにもかかわらず、西村さんは「立会演説会でみんなが感動するスピーチをすれば当選できる」と高をくくって、演説会当日まで何の活動もしませんでした。

　やがて演説会の日、西村さんは壇上に上がりますがまったく言

葉が出てこず、「僕がやろうと思ったことは、前の人がしゃべったことです」の一言を言うのが精一杯でした。

　結果は自分が入れた一票だけで落選してしまいました。つまり、日ごろ仲良くしている友人さえ投票してくれなかったのです。これが西村さんのトラウマになりました。

　普通ならこれほどの挫折感を味わえば、いろいろなことが嫌になるはずですが、西村さんは社会に出てから「この準備やったら、また１票になるで」と自分に言い聞かせることで常に最善の準備を心がけたことで素晴らしい成果をあげることができました。

　こう考えるようになりました。

　「過去に起きた事実は変えられないけれども、出来事の意味は変えられる」

　人は同じような経験をしたとしても、誰もが同じ生き方をするわけではありません。たとえば、幼い頃に辛く苦しい経験をしたとして、それを恨んで生きる人もいれば、むしろ感謝の念を持って生きる人もいます。

　心理学者のアドラーによると、「われわれは自分の経験によって決定されるのではなく、経験に与える意味によって、自らを決定する」のです。「ほめる」というのは人だけでなく出来事の価値を見出すことでもあります。過去の出来事についても嘆くのではなく、その価値を見出すことが「ほめ上手」への道なのです。

基本的行動
　過去の嫌な出来事も嘆くのではなく、その価値を変えてみよう。

「みんなの知恵」を信じよう

　グーグルの調査によると、生産性の高いチームには5つの特徴があるといいます。

　なかでもチームの「心理的安全性」が高いことや、チームに対する「信頼性」が高いことはとても重要になります。

　「心理的安全性」や「信頼性」というと、難しく思えますが、つまりはリーダーがチームのメンバー全員を大切に思い、チームのメンバーみんなが、たとえば「このチームでは自分は自由に発言していいんだ」「このチームには悪意を持って自分を攻撃する人はいない」「このチームでは誰もが自由にアイデアを口にし、そのアイデアをみんなが真剣に聞いてくれる」といった安心や信頼を持っているということです。

　なかでもリーダーの役目はとても大切です。リーダーには次の5つの態度が求められています。

1．リーダーはメンバーの話を遮ることなく、最後まで聞き切る。
2．自分が知らないことは知ったかぶりをせず、素直に認める。
3．会議ではメンバー全員が少なくとも一回は発言できるようにする。

4．ちゃんと話を聞いていることを示すために、誰かの話が終わったら、その内容を要約する。
5．チームの内の意見の対立は抑え込まず、オープンに議論する。

　このようにリーダーがメンバーを信頼し、メンバー1人1人がお互いの意見などを尊重することができれば、自ずとチーム運営はうまくいくし、成果をあげることもできます。
　「意見を聞く」というのは、まさしくその人を尊重するということです。リーダーの中には自分が気に入っている、認めている部下の意見には耳を傾けるものの、そうではない部下の意見は聞こうともしないし、はなから無視をする人がいますが、これでは部下の尊厳を傷つけることになってしまいます。
　「ほめる」というのは、言葉でほめるだけでなく、相手を大切に思い、相手の発言などを尊重することでもあるのです。そしてそのために必要なのは「好き」「嫌い」に関わらず、「みんなの知恵」を信じることであり、みんなの意見を大切にすることです。
　今の時代は変化が激しく、お客さまの価値観も多様化しているだけに、1人の力ではとても太刀打ちできません。最善のアイデアを選ぶためには、1人のアイデアではなく、みんなのアイデアが必要なのです。
　上司は周りの人をほめ、認め、話を聞くことで活性化して、みんなの知恵を借りれば、たくさんのアイデアが得られるし、最善の策を考えることができるのです。

基本的行動
　上司は部下を大切に思い、みんなの知恵を信じよう。

苦労している部下にこそ
「ほめる」が必要だ

　ものごとが順調に進み、成果をあげている部下を「ほめる」ことは簡単ですが、反対にものごとが思うように進まず、成果もあがらないで苦しんでいる部下に対し、上司であるあなたはどんな言葉をかければいいのでしょうか？

　「こんな数字じゃだめじゃないか」

　「君はもっとできるはずだ、もっとがんばれ」

　上司としては励ましているつもりでしょうが、この言葉は「もう無理だ」「もう辞めたい」と考えている部下にしてみれば、こう言いたくなるのではないでしょうか。

　「もっとがんばれって、これ以上なにをがんばるのさ」

　たしかに苦しんでいる時期に厳しい言葉をあえてかけることで「なにくそ」と奮起できる人もいますが、なかには心が折れて逃げ出したくなる人がいるのも事実です。

　ある飲食店チェーンの店長たちに、入社してから、あるいは店長になってからの自分の成長グラフを書いてもらいました。同時に、その店長たちをずっと見てきた店の経営者にも、同じように店長の成長グラフを書いてもらいます。

　すると、面白いことに２つのグラフは一致せず、むしろ真逆の

グラフになることが多いといいます。

　理由はなぜでしょうか？

　店長たちが描くグラフは「成長のグラフ」というよりは、「この時は良かったなぁ、いけてたなぁ」という一種の「モチベーションのグラフ」になります。つまり、店の成績も良く、自分がやる気に満ちていた時に「成長している」と感じるのに対し、店の成績が落ちて、モチベーションが下がった時には「成長していない」と感じるのです。

　一方、経営者は客観的に店長を見ています。店の成績が下がり、それを挽回しようと必死になってがんばり、もがき苦しんでる時の店長こそ「成長しているなぁ」と感じるのです。実際、壁にぶつかった時に逃げだす人もいますが、壁を自分の力で乗り越えた店長は以前とは比べものにならないほどの成長を見せています。

　つまり、人は順調な時には勢いに乗って進むだけでいいのですが、逆境にあっては懸命に頭を使い、工夫し、試行錯誤しなければなりません。大変ですが、間違いなく成長につながります。

　しかし、それを自覚してがんばれる人はそれほど多くはありません。ほとんどの人にとって逆境は辛いものなのです。だとすれば、その時期に「叱る」のは危険ではないでしょうか。

　暗いトンネルをさまよう時期に必要なのは「ほめる」ことです。「今は大変な時期だけど、よくがんばってるな。ここでがんばればうんと成長できるからな」というほめ言葉や励ましこそががんばる力となり、成長をもたらすのです。

基本的行動
　苦労している部下にこそ「叱る」ではなく「ほめる」言葉を。

「仕事の意味」を
伝えることは最高のほめ言葉

　仕事への取り組み方は、自分が任された仕事に対してどんな意義や価値を見出すかで大きく変わってきます。

　たとえ話としてしばしば引用されるのは、ピーター・ドラッカーが紹介している有名な3人の石切り工の話です。同じ場所で石を切り、石を積み上げるという厳しい仕事をしている3人に「何をしているのですか?」と尋ねたところ、三者三様の答えが返ってきましたという話です。

「腰が痛くなる辛い作業だが、これで暮らしを立てているのさ」
「国中で一番上手な石切りの仕事をしているのさ」
「大寺院をつくっているのさ。人生を輝かせるお祈りの場所をつくることができて幸せだ」

　3番目の石切り工はそう言いながら、目を輝かせ、夢見心地で空を見上げたといいます。

　人によっては石切り工が大工の棟梁に変わったり、4番目の人物も登場したりと、さまざまな変形版がつくられていますが、ポイントは「仕事の意味」は人によって大きく違っており、どのよ

うな捉え方をするかで仕事に対する取組み姿勢や、やりがい、向上心は大きく違ってくるということです。

そしてそれは1人1人の意識の持ち方以上に、その上司や先輩によっても大きく変わってくることになります。

30代半ばのトヨタ社員Fさんは入社した頃は技術部の変速機の振動実験などを行っていました。ある日、上司がこう問いかけました。

「君の仕事の目的は何だ？　何のための仕事か、考えてみな？」

Fさんが「振動実験です」と答えると、上司はこう言いました。

「喜びのためだ。その仕事を成し遂げて嬉しいと思うためだろう。君がやった仕事を受け渡す相手がその価値を認めて喜んでくれることが君の喜びにつながるんだ。それが仕事の目的だよ」

ほとんどの仕事にはそれを渡す相手、引き継いでくれる相手がいます。もっと先にはお客さまがいます。言われたことをやっているのと、そんなたくさんの人のために仕事をしていると考えるのではどちらが喜びにつながるでしょうか。

アップルの創業者スティーブ・ジョブズはそんな仕事の価値を伝えることで社員を有頂天にさせる名人でした。アップルへの転職を決めかねているエンジニアにこう言いました。

「考えてごらんよ。君のつくるチップがここにある全部のチップに取って代わるんだよ。君の仕事が世に知られるんだよ」

こう言われて「イエス」と言わない人はいません。仕事の意味や価値を伝えること、それは最高のほめ言葉でもあるのです。

基本的行動
　上司や先輩は仕事の意味や価値をしっかりと伝えよう。

照れ臭いなら
間接的にほめてあげよう

　トヨタ式の基礎を築いた大野耐一さんは髭を生やし、何か問題が起きると部下を大声で叱りつけることも厭わない人であり、みんなから「髭おやじ」と恐れられていたといいます。

　一方で厳しい指導にも懸命についてくる若いトヨタ社員に対してはとことん面倒を見る優しさもあり、大野さんのことを「師匠」と慕う人も少なくありませんでした。

　「上司」ではなく「師匠」です。

　上司と部下の関係は一時的なものですが、師匠と弟子となれば仕事を離れても一生続く関係と言えます。

　大野さんのほめ方は独特でした。

　ある時、若いトヨタ社員Gさんが大野さんから「あそこの現場を改善しておけ」と言われ、改善を行いました。

　改善を終えたGさんが大野さんの所に行き、「改善を行いました」と報告したところ、「結果は見たのか？」と言われました。

　「結果を見る」というのは、改善を行った後、現場をじっくりと見て何か問題がないかを確認することです。

　慌ててGさんが現場に戻ると、Gさんの行った改善の中に現場の人にとってやりにくいものがありました。そこで、Gさんはす

ぐに問題点を改善、再び大野さんのところに報告に行きました。

　すると、今度はこう言われました。

　「ヨコテンしたのか？」

　「ヨコテン」というのは、ある現場で良い改善を行った場合、その改善を他の工程や他の工場にまで広げていくというトヨタ式のやり方です。良いことも悪いこともみんなで共有するのがトヨタ式の原則です。

　再び現場に向かいながら、Gさんはこうつぶやきました。

　「こんなに次から次にやることがあるんじゃあ、きりがないなぁ。せっかく改善をしてもほめるどころか、次へ次へなんだからたまったもんじゃない」

　それから数日後、Gさんが現場で改善を行っていると、他部署の人が訪ねてきて、こう言いました。

　「なんかいい改善をしたらしいな。昨日、大野さんが来て、Gがなかなかいい改善をしたので、参考になるから見てきたらどうだ、と言うもんだから見に来たよ」

　大野さんは直接、Gさんをほめることはありませんでしたが、他の現場に行っては「Gがいい改善をしたぞ」と評価してくれていたのです。そして「見に行ったらどうだ」はGさんにとっては、直接のほめ言葉以上に嬉しいものだったといいます。

　直接、ほめるのが照れ臭ければ、こうした「人を介して」ほめるのもいいのではないでしょうか。ほめ方にも直接ほめる、紙に書いてほめる、人を介してほめるといろんなやり方があるのです。

基本的行動

　照れ臭ければ「人を介して」ほめてみよう。

愚痴をこぼすより、お互いをほめてみよう

　日々の生活もそうですが、仕事をしていればしんどいことや嫌なこともあり、思わず愚痴や文句を言いたくなるものです。かつては仕事を終えた人たちは夜の酒場に繰り出して、会社の愚痴や上司への文句を言い合うことで憂さを晴らしたものですが、最近ではそもそもみんなで飲みに行くことも少なくなっています。

　代わりにネットに愚痴や文句を書きこんで溜飲を下げる人もいますが、それもあまりにやり過ぎると炎上や誹謗中傷につながるだけに注意が必要です。

　ただ、いずれにしてもみんなで愚痴や文句を言うというのは一瞬の憂さ晴らしにはなったとしても、現実が変わらない以上、明日も今日と同じ日が続くことになります。

　だとすれば、愚痴や文句を言う代わりに会社や上司、同僚たちの良いところを見つけてほめてみてはいかがでしょうか、

　ある企業に「やり手」と評判のHさんが転職しました。ところが、いざ入社してみると見た目もさえないうえに、仕事もたいしたことはなく、あっという間に「ダメ人間」のレッテルに貼りかえられてしまいました。

　普通はここで終わりになるところですが、Hさんはある人から

「ほめることの大切さ」を教えられ、周りの同僚たちの良いところを紙に書いて伝えるようになったのです。

　最初はたいしたことは書いてありませんでしたが、しばらくすると「○○さんの情報で助けられた」とか、「○○さんの何気ない一言にいつもがんばろうという気持ちになる」といった、周囲の人も気づかないような素晴らしいほめ言葉が書かれるようになったのです。

　Hさんはみんなが普段は見落としているような、みんなの良いところを見つける天才でした。

　やがてHさんに触発されたのか、他のスタッフも周りの人たちのささやかな良いところに目が行くようになり、ほめ言葉を自然と口にするようになったのです。

　Hさんはこう言います。

　「以前は人の長所に目が行かず、ものの価値にも気づきにくいタイプでした。それどころか欠点ばかりが目に付いて、お酒を飲んでは同僚や上司の文句を言ったりしていましたが、人やものの長所を見つけ、伝えるようになってからは、ほめるというのは相手が心底喜ぶことだし、何より自分も元気にしてくれると気づきました」

　見るなら人の良いところに目を向けましょう。口にするなら愚痴や不満ではなく、ほめ言葉を心がける。たったこれだけのことで職場はしんどい場所ではなく、みんなが助け合える楽しいものに変わってくるのです。

基本的行動

　口にするなら愚痴や不満ではなくほめ言葉を。

「第三者」を使って
ほめてみよう

　部下をほめる時、直接ほめるのではなく、人を介してほめるやり方は既に触れたとおりですが、似たようなやり方に「第三者」を使う方法があります。

1. 第三者の言葉を借りてほめる

　たとえば、上司がたまたま取引先の人と出会った時、取引先の人から「お宅のＡ君がよくやってくれるので、お陰でとても助かっていますよ」と言われたとすると、上司はその言葉をＡ君にこう伝えます。

　「さっき取引先の○○さんと偶然出会ったら、君がよくやってくれるので、とても助かっているよ、と喜んでいたよ。こっちもちょっと誇らしい気持ちになったよ」

　このように第三者である「○○さんが君をほめていたよ」と伝えると、部下はとても嬉しいものです。

　こうしたほめ言葉はお客さまから直接聞かされることはあまりありませんが、お客さまがそう思っていてくれると知ることは最高のほめ言葉ですし、伝えた上司も、言われた部下も心地よい気分になります。

　そこに上司自身も「私も誇らしいよ」の一言が加われば、部下としてはこれほど嬉しいことはありません。

　部下の良い評判、ちょっとしたほめ言葉を聞いたなら、上司自身の感想も付け加えてすぐに伝えましょう。言われた部下にしてみると、お客さまにほめられたうえに、上司にも認められたということで、２倍、３倍の喜びになるはずです。

２．第三者の前で部下をほめる

　上司にとって若い部下の「良さ」や「強み」を素直に認めるのはなかなか難しいものです。たとえば、ITなどに関する知識では若い部下が勝っているわけですが、それでも上司のなかには「欠点」を数え上げて、「まだまだ」と認めようとしない人もいます。

　しかし、これでは「ほめ上手」にはなれません。

　上司として直接部下の良さをほめるのが照れ臭いなら、第三者に向かって、部下をほめてみてはいかがでしょうか。部下本人の前でほめると、恥ずかしがったり謙遜することもありますが、かまわず最後までほめきりましょう。たとえば、こうです。

　「部下のＡです。IT関係ではうちの会社でもピカイチで本当に助かっています。勉強熱心だしいつも感心しています」

　ここまで言われればどんな部下だって嬉しい気持ちになりますし、「自分のことをこんなに評価してれているんだ」と知り、ますますやる気になるはずです。そして上司にとっても、第三者を使うと照れずにほめることができるのです。

基本的行動
　「第三者」を使って部下を上手にほめてみよう。

「自分は良きリーダーか」を チェックしてみよう

　「ほめる」というスキルだけを高めたとしても、あなた自身が「良きリーダー」として、部下から信頼される存在でなければ何の意味もありません。せっかく気持ちを込めて「ほめた」はずが「あなたにだけは言われたくない」とか、「あなたにほめられてもね」となってしまっては何の効果もありません。

　「ほめる」も「叱る」も「誰が言うか」が大きな意味を持っています。まずはあなた自身が「良きリーダー」かどうかをチェックしてみましょう。

１．何でも「当たり前」にせず、「ありがとう」という感謝の気持ちを伝えていますか？

２．笑顔は職場を明るくする最強のツールです。いつも前向きな表情、笑顔を心がけています？

３．「おはよう」の挨拶は自分から行っていますか？　西出博子さんによると、「挨拶は先手必笑」となります。

４．部下のうち、何人の部下の長所をいくつ挙げることができますか？　短所より長所に目を向けましょう。

５．部下からは良い報告だけでなく悪い報告もすぐに上がってき

134

ますか？　良いことは放っておいても構いませんが、悪いこと
はスピードが命です。
6．部下のミスに対しては「責任追及」よりも「原因追求」を優
　先していますか？　責任追及は善後策を講じてからゆっくりや
　ればいいのです。
7．あなたは会議などで部下全員の話を最後まで聞いています
　か？　平等であること、話を遮らないことは会議の鉄則です。
8．あなたは部下全員の知恵を信じていますか？　知恵が出ない
　のは、あなたの「知恵を引き出す力」が不足しているのです。
9．あなたは部下にあなた自身の「思いを見える化」していますか？
10．あなたの部下は安心して休みをとることができますか？

　こうしたことを心がけたうえで、日々、部下と細かなコミュニ
ケーションをとることができていれば、部下の長所にも気づきや
すいし、ごく自然に部下をほめることもできるはずです。
　それは同時に「叱る」こともできるということを意味していま
す。部下を育てるにはほめるだけでも、叱るだけでもダメで、両
方のバランスが取れて初めて人を育てることができるのです。そ
の際、あなた自身を部下が信頼していれば、「ほめる」も「叱る」
も素直に受け止めることができるのです。
　「ほめる」を効果的に行うためにも、良きリーダーであるよう
に日々心がけましょう。

基本的行動
　「ほめる」スキル以前に「良きリーダー」であれ。

やってみせ、言って聞かせて、させてみて、ほめてやらねば、人は動かじ

　若い人には馴染みがないかと思いますが、第二次世界大戦において日本軍の連合艦隊司令長官を務めた山本五十六さんの言葉は人を育て、人を動かすための要諦が詰まった言葉と言えます。全文をご紹介します。

　「やってみせ、言って聞かせて、させてみて、ほめてやらねば、人は動かじ。話し合い、耳を傾け、承認し、任せてやらねば、人は育たず。やっている、姿を感謝で見守って、信頼せねば、人は実らず」

　いかがでしょうか。今から何十年も前の言葉ですが、ここまで触れてきた「ほめる」に必要なことの多くが含まれていることにお気づきになったのではないでしょうか。

　上意下達が当然の軍隊においてさえ、人を育て、人を動かすためには部下を信頼して任せること、じっくりと話し、話を聞き、そして「ほめる」ということが大切だということに驚かれた方もいるのではないでしょうか。

　実際、人を権力や権限、「叱る」ことだけで動かすことができ

るかというと、そうではありません。

　1960年代のことですが、ある企業がトヨタ式を導入して生産改革を進めようとしましたが、現場の反対が強く思うように進めることができませんでした。そこで、改革の責任者のＩさんが社長に自分の権限を広げてくれるように頼んだところ、社長はトヨタ式の基礎を築いた大野耐一さんに相談するように言いました。

　Ｉさんが大野氏を訪ねて事情を話すと、大野氏は２日間に渡ってトヨタの工場や系列の工場を案内して回り、最後にＩさんの感想を聞きました。Ｉさんが「トヨタ式と違うやり方をしているところが２、３ありましたが、なぜ注意されなかったのですか？」と正直な感想を口にしたところ、大野さんはこう言いました。

　「仕事は権限や権力でやるもんじゃないよ。自分の職務権限をどんなに大きくしたって、決していいものができるわけではないんだ。現場の人たちに対する粘り強い理解と説得なんだ」

　当時、大野さんはトヨタの常務で生産部門の責任者です。にもかかわらず、大野さんは権限だけで人を引っ張るのではなく、山本五十六的な「やってみせて、説得し、理解させる」という地道な作業を繰り返していました。

　言われたＩさんは自分の考えを反省、現場の人たちとじっくり話し合うことで進めた結果、見事に改革に成功しました。

　上司には権限がありますが、それだけで部下を動かすのには限界があります。人を育て動かすのは権限や権力以上に理解と納得であり、かつ「ほめてやらねば人は動かじ」なのです。

基本的行動
　理解と納得＋ほめるが人を動かし、人を育てると心得よ。

第4章

耳の痛いことを上手に伝えて
部下を立て直すための「叱る」技術

魔法の叱り方はない。
叱る時には「嫌われ役」を覚悟しろ

　ここまで「ほめる」ことを中心にまとめてきました。日本の上司にとっては「叱る」ことには慣れていても、「ほめる」ことに慣れていないため、「部下の良さを認めてほめましょう」と言われても「照れ臭くて」とためらう上司が少なくありません。

　それでも「ほめる」の方は部下にとって決してマイナスではないだけに、「ほめる」ことで問題が生じることは「叱る」ほどにはありません。

　難しいのは上司が慣れているはずの「叱る」です。今の40代、50代であれば、会社に入ってから上司からほめられることは滅多になく、むしろ叱られたり、厳しく育てられてきたはずです。

　そのため、自分が上司であるいま、部下を叱って育てようと考える人もいますが、今の時代、第1章でも触れたように部下が多様化したうえ、その考え方も様々なため「自分が若い頃の感覚」のまま叱ってしまうと問題になるケースがよくあります。

　上司は「部下のために」と叱ったとしても、部下にとってはただの「パワハラ」であったり、「古い考え方ややり方の押し付け」となりかねません。

　これでは安易に部下を叱ることはできませんが、かといって

「叱る」ことを放棄することは、上司であるあなたの指導力や管理能力が疑われ、あなたの上司や部下からの信頼を失うことにもなりかねません。

では、どうすればいいのでしょうか？

たしかに「叱る」というのは、叱られる当人はもちろんのこと、叱る上司にとっても楽しいことではありません。叱られた相手は嫌な気分になり、叱った上司のことを恨んだり嫌ったりするかもしれません。

そのため、叱ることが難しくなってきた時代、「できれば叱りたくないし、叱るとしても嫌われない方法はないものだろうか？」と考えるのは当然のことと言えます。

しかし、その答えははっきりしています。

「部下から嫌われない魔法のような叱り方はありません」

しばしば学生時代や社会人になったばかりの頃を振り返って、「あの時に叱られて良かった。あれがあったからこそ今がある」と懐かしそうに話す人がいますが、正直なところ「叱られて感謝する」のはずいぶん後のことで、叱られた当座はほとんどの人は嫌な気持ちになり恨んでいます。

だからこそ、上司は部下を叱る時には、「嫌われるのも仕方がない」という覚悟を持って叱ることが大切なのです。部下の成長や会社の業績のことを思い、嫌われるのも上司の役割であり、いつか「嫌われて感謝されるかもしれない」のが上司なのです。叱る時には上司は覚悟を持って臨みましょう。

基本的行動
叱る時には嫌われる覚悟を持って叱りましょう。

叱る時の判断基準を持とう

「泣いて馬謖を斬る」という故事があります。三国志で有名な諸葛孔明が魏と戦うにあたって、信頼する部下である馬謖に要衝の守りを任せたところ、馬謖は孔明の指示に従わずに大敗を喫してしまいました。

馬謖の行為は死に値するものでした。しかし、孔明は馬謖を高く評価しており、私情においては殺すにしのびないものの、軍法を曲げては示しがつかないということで涙をこらえて馬謖を死刑にしています。

古来、何事によらず信賞必罰はきわめて大切とされています。功績があれば賞し、過ちがあれば罰するということですが、その信賞必罰が適切に行われてこそ、組織の規律を保つことができます。もし良いことをしてもほめられず、良くないことをしても罰せられないとしたら、人は勝手気ままにやりたいことをやるようになり、それでは規律も秩序もなきものになってしまいます。

だからこそ、信賞必罰は行われなければなりませんし、しかもそれは公平公正に行われることが何より大切なのです。「泣いて馬謖を斬る」が今も語り継がれるのは、上に立つ人間にとって信賞必罰を、自分の好き嫌いと関係なしに公平公正、適切に行うこ

とがどれほど重要であり、どれほど難しいかを多くの人が知っているからとも言えます。

　部下を「叱る」うえで、最もやってはいけないのが「一貫性を欠いた叱り方」です。

　同じ失敗をしているにもかかわらず、ある部下については厳しく叱ったけれども、別の部下に関しては叱らない。あるいは、同じような失敗に対して、昨日は叱っていたにもかかわらず、今日は叱ろうともしない。

　また、お気に入りの部下に対しては叱るというよりも、「今度は気をつけろよ」といった注意程度なのに、普段から気に入らない部下に対しては「叱る」を通り越して「怒鳴りつける」など、相手によって叱り方をあからさまに変える。

　こうした「相手次第」「その日の気分次第」といった一貫性を欠く叱り方は、部下に不公平感や差別感を与え、上司に対する信頼を一気に失うことになります。

　そうならないために上司は部下を「どんな時に、何のために叱るのか」という自分なりの判断基準を持っておくことが必要になります。それがないとその時の気分で部下を叱ったり、気に入らない部下に対しことさら厳しく叱るということになりかねません。

　人間である以上、完全に公平公正とはいかないにせよ、自分なりの基準をもとに、叱るべき時には叱り、叱ってはいけない時には我慢するという姿勢を守りたいものです。部下は上司の叱るタイミングや姿勢をよく見ています。

基本的行動
　叱るか叱らないかを気分に任せず、判断基準を持とう。

「叱ろうと思った瞬間」に
タイムアウトを

　かつての職場でよく見かけたのが「瞬間湯沸かし器」と呼ばれる上司です。部下が何か失敗をした時や、悪い報告を持っていった時、それまでの上機嫌も一転してカーッとなり大声で怒鳴り始める人がいました。

　まさに「スイッチが入る」瞬間で、そうなるとなかなか怒りはおさまらず、部下はひたすら耐えるほかありませんでした。

　今ではこうした叱り方をする人は少ないと思いますが、たとえば子育てなどをしている時、子どもが言うことを聞かず、思わず大声で怒鳴りたくなったという経験をした母親は少なくありません。

　そんな時、よく言われるのが「叱る前に30秒数えましょう」ですが、現実には駄々をこねる子どもを前にして30秒待つのは至難の業です。子育ての専門家によると、こうしたケースでは子どもが悪いことをしたら、数分間、別の場所に連れていき、じっとさせておく「タイムアウト法」が有効だといいます。

　子どもが目の前にいると母親も冷静ではいられませんが、少しの時間でも視界からいなくなると冷静になることができます。子どもも落ち着きを取り戻します。このように「叱ろう」と思ったなら、すぐに叱るのではなく、「時間を置く」ことが「叱る」う

えでは大切になります。

　上司が部下を叱る際にも同じことが言えます。部下の失敗や態度に我慢がならず、叱ろうと思った瞬間に叱ってしまうと、どうしても叱っているうちに感情が高ぶって、どんどん怒りが増幅してきます。

　日ごろは「部下の成長を願って」とか、「部下のためにあえて厳しいことを言わなければ」と考えていたとしても、感情が高ぶると、本来の目的を見失い、時に部下の人格を否定する言葉さえ口にするかもしれません。

　これでは叱られる部下としても、「自分のために叱ってくれている」とは思えません。上司はその怒りを自分にぶつけているだけで、「とにかく我慢、早く終わってくれないかなぁ」と叱られる内容など頭に入らなくなってしまいます。

　上司にとっても部下にとっても最悪の叱り方です。

　とはいえ、叱るにはタイミングもあり、あまりに先延ばししてしまうと、「一体いつのことを叱っているのか」となってしまいます。「叱らないと」と思ったら、「すぐに」ではなく、「数秒間待つ」ようにしましょう。

　タイムアウト法ではありませんが、場所を変えるのも1つの方法です。上司にとって叱るべき時に叱ることは大切なことですが、「冷静に部下のために叱る」ためにも、「数秒間待つ」「場所を変える」も大切なことなのです。

基本的行動
　「叱ろう」と思ったら「数秒間待つ」か「場所を変えて」みよう。

叱るは「事実」を踏まえて

　上手にほめるコツの1つは「事実＋ありがとう」です。

　人は大げさにほめられたいわけではなく、日々暮らしている中で自分がやっていることが誰かの役に立ったとか、誰かに認められたということを知りたいのです。

　人間は認められたいし、誰かに感謝されたいのです。

　その際、「ありがとう」に「事実」をプラスすると素晴らしいほめ言葉になります。「いつもありがとう」よりも「いつも職場をきれいにしてくれてありがとう」と言えば、自分がやっている片づけなどが認められたと分かりとても嬉しい気持ちになります。

　このように「ほめる」場合に「事実」を付け加えると最良のほめ言葉となりますが、「叱る」場合にも「事実」はとても重要になってきます。

　もちろん目の前で部下が大きな失敗をしたとか、上司が頼んだ仕事をやっていなかったといったはっきりとした事実があれば、「叱る」ことに問題はありませんが、時に部下に関する批判的な情報などを確認もせずに叱ってしまい、あとになって誤解だと分かり、部下をひどく傷つけるだけでなく、上司への信頼も失わせることがあります。

　部下と会話をしている時、その部下以外の人に関する情報が入ってくることがあります。

　たとえば、「Ａさんは仕事は早いんだけどミスが多くて、結局はやり直したり２度手間になる」「Ｂさんはこっちが仕事を頼んでもちゃんとやってくれないんですよ」など、他人を批判するような話です。

　こうした話を聞いた上司の中には、その話を鵜呑みにして、その部下を叱る人がいますが、それはとても危険なことです。職場における人の批判や噂話は「裏」を取る必要があります。

　たとえば、「仕事が早いけどミスが多い」のは、批判している部下の仕事の頼み方に問題があり、最初にきちんとした指示をしないためにミスややり直しにつながっている可能性があります。「仕事を頼んでもやってくれない」のは、批判する部下がＢさんの都合を無視して勝手なお願いをしている可能性もあります。

　取引先やお客さまからのクレームもそうですが、第三者から聞いた噂だけをもとに部下を叱ってしまうと、身に覚えのない部下はいたく傷つきますし、あとで誤解と分かった上司が謝罪しても、「他人の言葉だけを信じて自分を信じない」上司への信頼は完全に失われてしまいます。

　気になる批判や悪口を聞いたら、必ず他の何人かにも確認を取りましょう。叱るには「事実」を踏まえていることが不可欠です。事実を踏まえ、事実を示しながら叱ってこそ、部下に反省を促すこともできるのです。

基本的行動
　叱る時は事実を踏まえて、事実を示しながら。

行為を叱れ、
人格を攻撃するな

　会社などでよくある間違いの1つが、会議での議論の際に、発言の中身についてではなく、「お前なんかに言われたくないね」「お前みたいなやつにそんなことを言う資格はあるのか」といったあからさまに人格攻撃をすることです。

　これでは建設的な議論などできるはずがありません。

　叱るに際しても、ミスをした部下の失敗の中身や原因を問題にするのではなく、「だから、お前はダメなんだ」「どうせお前にはできないと思っていたよ」と、こちらも人格を否定するような発言を平気でする人がいます。

　こうした人格攻撃から建設的な意見が生まれるはずがありませんし、人格攻撃をされた側は仕事に対する自信を失うことになります。

　心理学者のアルフレッド・アドラーがこう言いきっています。

　「賞罰は、成功した、あるいは失敗した行為に対してなされなければならず、人格に対してなされてはならない」

　成功を讃え、失敗を注意するのは当然のことですが、相手が大

人であれ、子どももであれ、そこに「人格」をからめるのは絶対に
やってはならないことなのです。

　人格攻撃は、大切な人と人との信頼関係を壊し、自信を喪失さ
せ、恨みだけを募らせる、まったく益のないものなのです。

　ここまで頭では分かっていても、たとえば同じ失敗を繰り返す
部下や、注意に対して反抗的な態度をとる部下を見ると、「何度
言ったら分かるんだ」「人が話しているのに、なんだその態度は」
と頭に血が上り、思わず相手の人格を否定するような叱り方にな
ることもあります。

　ある人が人格攻撃にならないためには「四大禁句」に注意しな
ければならないと話していました。

１．だから、君はダメなんだよ。
２．一体、何度同じことを言わせるんだ。
　つい「お前の頭の中は空っぽなのか」と続けそうです。
３．この程度のこともできないのか。
　「ダメ人間」のレッテルを貼られ、「もうこの職場には居場所が
ない」と感じさせる言葉です。
４．最初から君には無理じゃないかと思っていたんだ。
　「頼んだ俺が悪かった」などと言われると大きく傷つきます。

　１つでも心当たりがあるなら、知らず知らずに部下の人格を攻
撃しているだけに細心の注意が必要です。

基本的行動
　叱っていいのは「行為」であり、「人格」ではないと心得よう。

叱る時には簡潔に。
くどくどと叱るな

　ここまで見てきたように「叱り方」にも守るべきルールがあります。叱り方は「公平公正」でなければなりませんし、あくまでも事実を踏まえたものであることが求められます。

　さらに行為を叱ることはあっても、間違っても人格を攻撃したり、否定するような叱り方はタブーです。

　こうしたことを守らないと、いくら上司は「部下のため」と思っていても、肝心の「信頼関係」が壊れてしまっては、その後の指導に支障をきたすことになります。

　叱り方でもう1つ気を付けたいのが「くどくど叱らない」ということです。

　しばしば男性と女性の違いで、一般論として話題になるのが、すぐに忘れる男と、いつまでも忘れない女性の違いです。

　たとえば、夫が妻の機嫌を損ねるようなことをした時、妻が「今この時の問題」ではなく、数年前、数十年前の夫の不始末や嫌なことを引っ張り出してきて、「だから、あなたは」と延々と文句を言い続けることがあります。

　ある人が「自分の母親はお産の時に父親が体調を慮ってくれなかったことを30年間も言い続け、事あるごとにその話を持ちだ

して父親を責めていた」と話していましたが、往々にして、どうやら女性の脳は都合の悪いことはすぐに忘れてしまう男性と違って、相手にむかつく度に、過去のむかつく記憶が引き出され、そこまで遡って言いたくなることが少なくありません。

その都度、男の人は「何もそんな過去のことを持ちださなくても」となだめようとしますが、そうすればするほどむかついてくるというのですから厄介です。

恐らく男性の上司のなかには、妻や彼女のこうした物言いに辟易している人もいるはずですが、なぜか部下を叱るとなると、まったく同じ叱り方をする人がいます。

部下がある失敗をして、それについて叱っている途中、ふと思い出したように「そう言えばあの時も似たようなことがあった。その前も」などと過去の失敗を持ちだして上司が「くどくどねちねち」文句を言い始めたとしたら、「叱り」が「部下の成長のため」どころか、「過去に遡っての憂さ晴らし」になりかねません。

さらに「もっと言えばこんなこともあったぞ」と関係のない話まで言われ始めると、部下にしてみれば、「一体、自分は何を叱られているんだ？」と焦点がぼけてしまいます。

このようにくどくどねちねち、過去の話まで持ちだされて叱られたのでは、誰でも嫌になってしまいます。叱る内容はできるなら１つに絞り、できるだけ簡潔に話しましょう。あれこれ長々と言われるよりは、その方が部下の腹に落ちるというものです。叱る時はあくまで「シンプルに短く」を鉄則に。

基本的行動
　叱る時はくどくどねちねちではなく、１つに絞って簡潔に。

叱る時には本気で叱れ

　部下を叱らなければならない時、上司が最もやってはいけないことの1つが「あまり叱って部下に嫌われるのも嫌だから」と腰が引けてしまい、つい弱腰になってしまうことです。

　あるいは、なかには「部長があんまり言うものだから」とか、「取引先の手前、格好がつかないから」などと上や周りから言われて「仕方なく」叱るしかないといった言い訳をする人もいますが、こうした及び腰の叱り方では言いたいことも伝わりませんし、部下にとっても、「結局、なんで叱られているの?」と納得のいかないものになってしまいます。

　これでは上司であるあなたの威厳も地に落ちますし、部下からの信頼も損なわれることになってしまいます。

　大切なのは叱る上司自身がどれだけ「本気」で叱ることができるかです。叱るかどうか、どんな基準で叱るのかは上司自身の判断で決めることであり、自分の上司や取引先に言われたからという理由で叱るものではありません。

　たしかに叱るというのは相手にとって嫌なものですから、相手は不快な気分にもなるし、場合によっては自分のことを嫌ったり憎むようになるかもしれません。また、人によっては叱られたこ

とで心配になるほどしょげかえる部下もいますから、そんな部下の姿を見るのは嫌なものです。

　そのため、最初は「しっかり叱ろう」と腹をくくっていたはずが、部下の様子を見ているうちに、「あんまり言いすぎるのも可哀想だから」と途中で手加減してしまいそうになることもありますが、それでは「叱る」意味がありません。

　こうした優柔不断な姿勢は叱る効果を半減させるばかりか、上司としての器そのものを疑われることになります。しっかり叱ることができない上司は部下をほめることもできませんし、時に叱っているからこそ「ほめる」の効果も発揮されるのです。

　一旦、「叱る」と決めたなら、「本気」で叱ることが大切です。その際、上司に求められるのは3つです。

1．「嫌われても仕方がない」と腹をくくる。

2．何があっても相手から逃げない。

3．しっかりと相手に向き合う。

　特に重要なのは、相手から目をそらさないことです。相手に言いにくいことを言う時、人はつい目をそらしたり、目が泳ぐことがありますが、それでは相手に軽く見られてしまいます。

　反対にしっかりと目を見て、言うべきことを言えば、上司の本気度が伝わり、部下も本気で聞かざるを得なくなります。叱る場面では「上司の覚悟」も問われているのです。

　基本的行動
　叱る時には、目を見て本気で叱ろう。

叱った後で「ほめる」のは
タブーと知ろう

　叱る時には上司は「部下の成長のためには、今は嫌われても仕方がない」と腹をくくり、覚悟を決めて叱ることが大切になります。そのうえで相手の目を見てしっかりと言うべきことを言えば、相手にも上司の言いたいことがしっかり伝わるはずです。

　本来ならここで「叱る」という目的を果たしたことになるわけですが、なかにはこのあとでせっかくの「叱る」を台なしにしてしまう人がいます。

　一体、何が「叱る」を台なしにするのでしょうか?

　たとえば、お客さまに多大な迷惑をかけた部下を厳しく叱った後、こんな言葉をかけたとしたらどうでしょうか?

　「ああは言ったけど、お客さまのためにという思いがちょっと行き過ぎたんだよなぁ。ある意味、行動力のあるお前らしいよ」

　「さっきはいろいろ言ったけど、お前には良いところがたくさんあるんだからあまり気にするな」

　厳しいことを言って、あまりにしょんぼりしている部下を見て、可哀想になってフォローを入れたわけですが、これでは肝心

の「叱ったこと」「厳しく言ったこと」よりも、「行動力がある」「良いところがある」というフォローの言葉の方にスポットがあたってしまい、叱ったことの効果が薄れてしまう恐れがあります。

　たしかにいくら「嫌われても仕方がない」と腹をくくったとしても、「できれば嫌われたくない」と思うのが人間の性です。ましてや上司と部下は毎日、顔を合わせていますし、叱った後も長く一緒に仕事をしなければなりません。

　そんな思いがあると、「叱ったままにしておくのはまずいなぁ」となり、つい「ほめる」をしたくなるものですが、叱った後すぐにほめると、既に触れたようにせっかくの叱ったことが薄れ、ほめられたことに焦点が移ってしまいます。

　部下はこう考えます。

　「課長はあんなに厳しく叱ったのに、『お前にも良いところはたくさんあるよ』とわざわざ言うのだから、叱られたことはあまり気にしないでおこう。課長も仕事だから仕方なく叱ったんだろう」

　何でも自分に都合よく解釈する部下を叱った後でほめてしまうと、このように叱った内容などきれいさっぱり吹き飛んでしまいます。「叱った後すぐほめる」は上司として絶対にやってはいけません。ほめるのは「状況が改善されたあと」であり、「叱った直後」ではありません。

基本的行動
　叱った後はほめるな、態度が改善されたらほめてあげよう。

部下の言い訳は
最後まで聞き切ろう

　部下を叱る時、上司が目を見て叱ることが望ましい理由の1つは、上司の本気を見せるということですが、もう1つの理由は、部下の反応をしっかり見るためです。

　叱られた時の反応はさまざまです。素直に話を聞く人もいれば、叱られた悔しさもあって、泣いたり、激しく動揺する人もいます。

　あるいは、上司の言葉の1つひとつに反発する人もいます。

　そんな部下の反応をしっかり見届けるのも叱る時には必要です。講演やプレゼンテーションなどで起きる失敗の1つに、「聞き手の反応を見ない」というものがあります。いずれの場合も事前にある程度、話す内容は考えています。

　なかにはパワーポイントを使いながら熱心に話す人もいますが、その説明に終始するあまり、聞き手がどんな反応をしているのか、興味を持って聞いているのか、それとも飽き飽きしているのかといったことを見落としてしまいます。

　これでは本人としては一生懸命に話したつもりでも、聞き手にはその内容があまり伝わっていません。商談でもそうですが、やはり「相手あって」のものだけに、聞き手の反応、メモをしているかどうか、退屈そうにしていないかどうかもある程度気にかけ

てこそ「伝わる話」になるのです。

　同様に叱る場合にも相手の反応を細かく見る必要があります。実際、上司から叱られたからといって、みんなが素直に聞き入れるわけではありません。多くの場合、「そうはおっしゃいますが」と反論や言い訳をしたり、あるいは黙り込んでしまいます。

　なかには泣き出す人もいるかもしれませんが、その場合の対処法は後述します。では、こうした部下の反論や言い訳に上司はどうすればいいのでしょうか？

　最もやってはいけないのが、「言い訳するな」と一喝してしまうことです。日々、業務に追われている中で、部下が問題を起こし、「叱る」というやりたくないことをやらなければならないというだけでもイライラしているのに、自分の言っていることに部下があれこれ言い訳を始めたら、思わず「言い訳するな、黙ってろ」といいたくなる気持ちは分かりますが、それでは上司と部下のコミュニケーションは成立しなくなってしまいます。

　部下が反論や言い訳を始めたら、途中で遮るのではなく、最後までしっかり「聞き切る」ことです。その上で「リピート」して、部下の言い分を受け入れて、そこから上司として「言い訳のどこに間違いがあるか」を指摘します。

　「まずは受け入れて、認めて、攻める」ということです。部下の反論には部署として改善すべき点も含まれているかもしれません。まずはしっかりと聞いて、返すことを通して、「叱る」場が部下の成長を促す場となっていくのです。

基本的行動
　「言い訳するな」はタブー。部下の反論や言い訳は聞き切ろう。

反抗的な部下にこそ冷静に

　上司であるあなたが部下を叱った時、部下はどんな態度で話を聞いているでしょうか？

１．すっかり意気消沈してうつむいている部下。

２．あなたの言葉に真剣に耳を傾け、しっかり反省をしている部下。

３．あなたの発言に対して、「ちょっといいですか」と言い訳や反論をする部下。

４．「なんで自分が叱られなきゃあいけないんだ」といった不満そうな表情を浮かべ、不遜な態度をとる部下。

　１は泣きだすなど感情の激高がなければ問題ありませんし、２も「真剣に聞いている」という点で安心できます。３については既に触れたように、しっかりと部下の話を聞き切ったうえで言うべきことがあればしっかり言いましょう。

　４のタイプは厄介です。特に日ごろから「そりの合わない」関係の場合、上司としては冷静に叱っているつもりでも、部下の方が「ああ、またか。どうせ自分のことを嫌いなんだろう」という

気持ちでいると、叱る側からすれば、部下の叱られる姿勢は何とも腹立たしいものになってきます。

　真剣に叱る上司に対して、部下がつまらなさそうに目を背けたり、上の空だったり、あからさまに不快な顔をしたとすると、つい感情的になってしまい、こんな言葉を口走ることがあります。

「お前は上司を何だと思っているんだ」

　これは部下と同じ土俵に乗ることです。「叱る」というのは、本来は部下に問題のあることを伝え、行動の修正を図ることが目的ですが、このように同じ土俵に乗って感情的になってしまうと、その目的は消え去り、「喧嘩モード」に入ってしまいます。

　普段からお互いの間に「気に入らない」とか、「嫌な奴だ」といった負の感情があると、本当の喧嘩になりかねないだけに注意が肝要です。

　こうした反抗的な態度をとる部下を叱る時には、部下の態度を気にする必要はありません。たとえ部下が露骨に反抗的な態度をとったとしても、冷静さを保ち、部下の目をしっかりと見ながら言うべきことをきちんと主張すればいいのです。

　部下と同じ土俵に立ち、思わず「売り言葉に買い言葉」とならないよう冷静に論理的に話をすれば、反抗的な部下も反論はできません。冷静な上司というのは部下にとって怖いものですし、周りの人間にとっても頼もしい存在に映るものです。

基本的行動
　反抗的な部下には感情的にならず、冷静かつ論理的に話をしよう。

叱る理由を「納得」させてこそ行動は変わる

　コミュニケーションにおいて「伝えた」は何を意味するのでしょうか?

　一般的には、たとえば上司が部下に「この仕事を頼む」と言えば、それで「伝えた」ことになるわけですが、時には「伝えた」だけに終わってしまうこともあります。

　理由はたしかに「伝えた」ものの、相手がそれを実行しないケースもあるからです。ビジネスに求められるのは結果です。あることを「伝えた」以上、相手がそれに納得して、実際に行動に起こしてはじめて「伝えた」ということになるのです。

　「叱る」も同じです。誰にとっても「叱る」というのは、できればやりたくないものです。にもかかわらず、上司が部下を叱るのは、叱ることで部下の行動を立て直したいとか、結果を出して成長を促したいと考えているからですが、肝心の部下の行動が変わらないとすれば、せっかく叱ったことが意味のないものになってしまいます。

　なぜせっかく叱ったにもかかわらず、部下の行動が変わらないのでしょうか?

　理由は部下自身が「叱られた理由」に納得していないとか、あ

るいは「どうやって失敗から立て直せばいいか」に気づいていないからではないでしょうか。

　部下が失敗をしたり、問題行動をした際、「こんなことじゃあダメだ」と叱るだけで終わってはいないでしょうか。失敗や問題行動を叱るだけではダメで、「叱る」には2つの要素が求められています。

1．情報の通知

　部下がやった失敗や問題行動について、「何がダメなのか」「なぜダメなのか」を事実に基づいてきちんと通知します。現状を把握して、失敗や問題行動と向き合うことの支援をします。

2．立て直し

　失敗したあとに大切なのは、失敗したあとにどうすればいいかを教えることです。自らの行動を振り返り、今後の行動の仕方について部下が考える支援をします。

　この2つがあってこそ部下は「叱られた理由」を納得するし、「叱られたことを次への糧とする」ことができるのです。

　その点が欠けてしまうと、部下は再び同じ失敗や問題行動をくり返し、上司は再び部下を叱らなければならなくなります。これでは上司と部下の信頼関係は崩れるし、上司としても叱り損になってしまいます。叱る時には「叱る理由」をきちんと納得させ、その後の行動が変わるように支援することが大切なのです。

基本的行動
　その後の部下の行動が変わるような叱り方をしよう。

言葉ではなく態度で示す
「叱り方」もある

　ここまで「言葉」での「叱り方」に触れてきましたが、時には「言葉」ではなく「態度」で示す方が「叱る」よりはるかに効果的なこともあります。

　「このままでは赤字転落」という生産子会社の経営を立て直すために親会社から社長として送り込まれたJさんのケースです。Jさんが目指したのは人員削減などを行うのではなく、従来の生産方式をより効率的なものに変えることで「つくる力」を高めることでした。

　メーカーのつくる力は「品質・納期・価格」の3つで決まりますが、Jさんはなかでも品質力を高め、「必要なものを、必要な時に、必要な量だけ」つくることで競合他社に負けない企業にしようと考えました。

　そのためには生産現場で働いている人たちが明るく元気であり、知恵を出して改善に取り組むことが求められるのですが、残念ながらJさんの企業の社員は「このままでは赤字転落」と言われすっかり元気をなくしていました。

　そこで、Jさんは毎朝、工場に出かけて大きな声で「おはようございます」と挨拶をするようにしました。日中は「ご苦労さ

ま」と声をかけながら工場の中を見て歩きます。

　ところが、Jさんがいくら挨拶をしても、最初は誰も挨拶を返そうとはしませんでした。見かねた工場の責任者たちが「どうして社長が挨拶しているのに挨拶をしないんだ」と叱ろうとしましたが、Jさんはそれを止め、責任者たちにこう言いました。

　「挨拶をしないからと叱ることはない。一生懸命仕事をしているし、機嫌の悪い時もあるだろう。私が好きで挨拶をしているのだから気にしないように」

　それでも1週間、2週間と続けるうちに少しずつ小さな声で挨拶を返す社員も出始めました。さらに1カ月もすると、挨拶の後、Jさんが「何か問題はないかい？」と尋ねると、「ここをこうしたいのですが」と話をする社員も出てきました。

　やがて3カ月も経つと、Jさんが工場に顔を出しただけで社員から挨拶をするようになりました。それは社員同士の挨拶にもつながり、コミュニケーションが活発化したことで、この会社のものづくりは大きく変化するようになり、2年後にはグループでナンバーワンの品質や利益を誇るようになったのです。

　挨拶ができる部下を育てたいのなら、「なぜ挨拶をしない」と叱るのではなく、上司自身が率先して挨拶をすることです。部下はいつだって上司の行動を見ています。上司が行動で示すことは、時に言葉で叱る以上の効果を持つのです。

基本的行動

　叱るのではなく、時には行動で示そう。

他人と比較するな

　テレビでお馴染みのベテランのタレントが共演する若いタレントから煙たがられているという芸能ニュースを見たことがあります。

　理由はベテランのタレントが収録の合間などに口にする次のような言葉だといいます。

「君たちの先輩の○○君はこういう風にしていたよ」
「○○君だったら、あそこはこうしたんじゃないかな」

　ベテランのタレントに悪意はありません。今の若いタレントの先輩たちとも共演の多かったベテランのタレントにしてみれば、成功している先輩を例に「もっとこうしたら」とアドバイスをしているつもりなのですが、若いタレントの中には先輩と比べられることで、「自分がダメ出しを受けた」と感じる人もいるようです。

　ベテランのタレントは若いタレントを叱っているわけではありません。むしろ善意からのアドバイスなのかもしれませんが、こうした「他人との比較」は往々にして言われた人の自尊心を傷つけることが少なくありません。

　「他人との比較」とは少し違いますが、上司がしばしばやりが

ちなのが「自分たちの若い頃との比較」をすることで部下を叱ることです。

　たとえば、「悩んでいる暇があったら10件でも20件でも訪問してこい」と、過去の営業体験を元に檄を飛ばしたとすると、若い社員からは「今どき1件1件訪問するなんてあり得ませんよ。ネットを活用する方が効率的だし、お客さまからは忙しいんだから来ないでくれと言われるのがオチですわ」などと反論されかねません。

　時代が変わると、仕事のやり方も変わります。特に今日のように変化のスピードが速くなると、自分たちに成功をもたらしてくれた上司や先輩たちの過去の知識や経験も今は通用しないということがよくあります。

　それを忘れて、「自分たちの頃は」「先輩と比べて君は」などと言おうものなら、「そんな昔のことを言われても、今は時代が違いますから」と一蹴されてしまいます。

　部下を叱る時、気をつけなければならないのは、安易に自分たちの過去と比較しないことです。さらに気を付けたいのが部下の同僚などと比較して「○○さんはできているのに、どうして君はできないんだ」「少しは□□さんを見習ったらどうだ」と言うことです。これらは励ましているつもりで、部下の自尊心をひどく傷つけます。

　比べるなら「いつもの君らしくないね」と普段の部下と比較することで「気づき」を与える叱り方を心がけたいものです。

基本的行動
　「他人との比較」は自尊心を傷つけると心得よ。

叱る前には
「脳内予行演習」を

　「叱る」にも2つのパターンがあります。

　1つは遅刻や電話での応対、あるいは指示した仕事を忘れたといった「その場」で叱らなければならないものです。もちろんこの場合も既に触れたように瞬間湯沸かし器的に激高するのではなく、一瞬、冷静になって落ち着いて注意したり、叱ることが必要になります。

　もう1つは仕事でミスが頻発するとか、チームワークを乱す、あるいは商談やプレゼンテーションに臨む準備を疎かにするといった部下の問題行動について注意をしたり、叱るというケースです。

　この場合、何分間か叱ってすませるというよりは、日ごろの問題行動について厳しいことを言うだけでなく、問題行動を改善させるという目的もあるだけに、ある程度の時間をかけて話をすることが必要になります。

　このような「部下にとって耳の痛いことを伝えることで、部下が自分の問題点を認識して、日ごろの業務や行動を振り返り、今後に向けて行動の改善をさせる」ことを「フィードバック」と言いますが、フィードバックの第1人者である中原淳さんによると、フィードバックを成功に導くうえで欠くことができないのが

「脳内予行演習」だといいます。

　フィードバックは会議室など、ブラックボックスの中で1対1で行うことが多いため、厳しいことを言う上司も、言われる部下も平常心を保つのが難しく、つい自分の「悪い地」がでやすくなります。

　たとえば、普段からちょっとしたことでカッとなりやすい人は、話をしたり聞いているうちにカッとなりやすくなりますし、日ごろから部下の話を黙って聞くのが苦手な人は、部下の言い訳や反論に対して、最後まで「聞き切る」ことができず、つい「うるさい、黙ってろ」などと口走ってしまいます。

　部下も同様で、周りに同僚などがいる場合は、たとえ上司から叱られても我慢するかもしれませんが、人目のない場所で長い時間、上司から問題行動を指摘され続けると、我慢の限界が来るかもしれません。

　お互いが冷静さを失えば、「売り言葉に買い言葉」になり、上司による「パワハラ化」してしまいます。こうしたトラブルを防ぐために、中原さんが勧めているのが、部下の問題点をどのように伝えるか、言い返されたらどう答えるかといったことを事前に紙にまとめたり、脳内で予行演習をすることです。

　叱る目的は、罰することではなく、部下の問題行動を伝えて改善させることです。そのためには叱る側にもしっかりとした準備と心構えが不可欠なのです。

基本的行動
　叱る前には脳内予行演習などのしっかりとした準備を忘れずに。

叱った後の接し方に一工夫を

　上司が部下を叱るのは、その後の部下の行動改善や成長を願ってのことです。

　だからこそ、上司は「嫌われる」ことを覚悟の上で部下を叱るわけですが、叱った後の部下との接し方は難しいものです。既に触れたように叱った直後にほめることはタブーです。せっかくの「叱った」効果を台なしにするだけに、たとえ「嫌われたくないなぁ」と思ったとしても安易にほめるのは控えましょう。

　では、叱った後は「叱りっぱなし」でいいのでしょうか？

　トヨタの社員Kさんは若い頃にこんな経験をしました。

　ある日、Kさんは上司から「無理難題」を投げかけられたことがあります。その指示を受けた瞬間からKさんは「これは自分には無理だ」と思ったものの、それでもKさんなりに知恵を絞って、あれこれやってみました。

　しかし、それでもできないので、翌日、Kさんが上司に「いろいろやってみましたが、どうしてもできません」と相談したところ、上司はこう言いました。

　「なんだ、お前は。1日、2日やったくらいで、できないとはどういうことだ。仕方ないから期限はもう1日延ばしてやる。し

かし、明日までにできないと、現場がこまるんだからな」

　自分の力だけではどうにもならないと分かっていたKさんは、先輩や同僚にどうしたらいいかを聞いて回りました。しかし、誰に聞いても、「それは無理だろう」という答えばかりが返ってきました。

　そこで、翌日夕方、Kさんは再び上司の所へ行き、「できない理由」を5つ挙げて「やはりできません」と説明しました。昨日の上司の様子からKさんはこっぴどく叱られることを覚悟していましたが、上司はひと言だけこう言いました。

　「そうか、できないか。じゃあ、いいわ。他の奴に頼むことにしよう」

　この言葉にKさんは大変なショックを受けました。叱られることを覚悟していたKさんにとって、「じゃあ、いいわ」は「もうお前に用はない」と言われたのと同じことでした。「見放される」のは「叱られる」以上に怖いことでした。

　翌日、Kさんが暗い顔をして仕事をしていると、上司がやってきてこう言いました。

　「Kよ、昨日はできないと言っていたが、もう一回、一緒に考えようや。一緒に考えれば、やれないことはないから」

　それはKさんにとって、「できない言い訳をする頭で、どうすればできるかを考える」ことの大切さを教えてくれるものでした。部下を叱ったり、突き放したりした後の上司の一言はとても大切なものなのです。

基本的行動
　叱った後はほめるな、しかし、フォローは忘れるな。

叱った後の
事後フォローを怠るな

　部下を叱るにあたっては「叱る目的は何か？」をしっかり意識することが大切になります。

　部下のことが気に食わなくて自分のイライラをぶつけるのなら、ただ叱り飛ばせばいいだけですが、本来、上司が部下を叱る時には「部下の問題行動を本人に自覚させ、その後の行動改善につなげる」ことを目的としているはずです。

　だからこそ部下を叱るためには、その場の思い付きではなく、日ごろの部下の行動をしっかり観察し、情報も収集したうえで「事実に基づいて叱る」ことが求められます。

　「事実＋ほめ言葉」「事実＋叱る」という「事実」の裏付けがあってはじめて、ほめることも叱ることも相手に伝わるものとなるのです。

　このように叱る前には十分な準備を行うことが大切なわけですが、同様に忘れてはならないのが「叱った後のフォロー」です。もし叱った後のフォローが欠けていると、部下は「上司からひどく叱られちゃったよ」と「叱られた」記憶だけが残り、肝心の「問題行動を改善する」ことが抜け落ちてしまいます。

　それではわざわざ「部下から嫌われる覚悟」をして叱った意味

がありません。そうならないためには、「叱る」だけでなく、部下に「なぜ問題行動をしてしまったのか？」「問題行動を2度と起こさないためにはどうすればいいのか？」をしっかり考えさせることが必要になります。

たとえば、大切な商談に何度も遅刻をするとか、期日までに書類が作成できないといった問題行動には必ず原因があるはずです。こうした時間管理の苦手な人というのは、「間に合うと思っていた」とか、「締め切りまでにできると思っていた」という甘い読みをしており、余裕を持った行動ができないところがあります。

そのため、常にギリギリで行動してしまい、ささいなトラブルがあっただけで予定が狂うことになります。そのせいで2度、3度と同じ失敗を繰り返すわけですが、それを改善するためには部下本人が自分の行動の仕方や仕事の進め方に問題があることを自覚して、再発防止策を自分なりに考えることが重要になります。

たとえば、15分前に着くように行動するとか、本来の締め切りの前に仮の締め切りを設け、もし遅れそうになったらどの時点で上司に相談するか、といった再発防止策です。

部下の問題行動を叱る以上、こうした本人の自覚と再発防止策をセットで考えてこそ、部下は問題行動を改善しようという気になることができます。そのうえで、上司は部下を根気よくフォローし続けて、「行動が改善された」なら、その時にはしっかりと「ほめる」ことです。事後のフォローがあってこそ、「叱る」は効果あるものとなるのです。

基本的行動
叱った後は部下の行動改善のために根気よくフォローし続けよう。

あえて叱らない
「沈黙の叱り」もある

　ここまで「叱る」ことについて考えてきましたが、時にはあえて「叱らない」という「沈黙の叱り」も効果を発揮します。

　たとえば、朝10時から会議を始めるとして、定時までに全員が集まらなかった場合、あなたはどうするでしょうか？

　急な仕事が入って出られないとか、その前の打ち合わせが長引いて遅れそうだ、といった理由がはっきりしていればいいのですが、なかには明らかに遅刻をしている部下がいたとしたらどうでしょうか？

　「○○さんがまだのようだけど何してる？」

　「あいつまた会議があることを忘れているんじゃないですか」

　「しょうがないなあ、誰か呼んできてよ」

　結果、会議は5分、10分と遅れ、全員が集まった後もだらだらとした雰囲気のまま続くことになります。

　会議に限ったことではありませんが、遅刻した人間を待つという習慣は、「時間に少しぐらい遅れてもいいんだ」「どうせ定時に始まるわけじゃないから」という時間にルーズな雰囲気をつくり、職場から緊張感を失わせることになりかねません。

　明確な理由も連絡もなしに遅れる人を待つ必要はありません。

上司として、遅れる人を何となく待ってしまうということは、定時に集まった人の時間をないがしろにすることです。

　時間が来たら、たとえ遅れている人間がいたとしても、すぐに会議を始め、時間が来たら終わるようにします。もし遅れて会議にやってきた部下が「すみません」と弁解しようとしても、上司は一切取りあう必要はありません。

　「どうして遅れたんだ？」と理由を聞く必要もありませんし、「さっさと座って」などと言って、会議の時間をムダにしてはいけません。部下をチラッと見るだけで、あとは何も言わず、何事もなかったように会議を進めます。

　こうした「沈黙の叱り」こそが、「遅れてまずかった」という部下には何より効果的なのです。

　同様に既に触れたように「あいさつ」も「叱る」よりも「沈黙の叱り」の方が効果的です。世の中には「朝のあいさつぐらいしなくても」と言う人もいますが、あいさつはやはりコミュニケーションの基本であり、あいさつすらできない職場では、まともな会話など成立しません。

　そんな時には、上司は「なぜあいさつをしないんだ」と叱るのではなく、率先してあいさつをすればいいのです。1度や2度は無視しても、続けていけば部下も気づきます。「あいさつをするとみんなが気持ち良くなれるよ」と教えるには「叱る」よりも明るく元気なあいさつが効果的なのです。これもあえて叱らない、言わば「沈黙の叱り」とも言えます。

　基本的行動
　時にはあえて叱らず、「沈黙の叱り」で大切なことを教えよう。

叱る時は1対1が原則です

　高校や大学の体育会系のクラブの監督の中には、チームのなかに「叱られ役」をつくる人がいます。

　チームの雰囲気が緩んでいる時や、チームの士気を高めたい時など、チーム全員を叱るのではなく、あえて叱られ役を厳しく叱ることでチームに活を入れるというやり方です。

　トヨタ式の基礎を築いた大野耐一さんは現場に来て問題に気づくと職長などを呼んで大声で叱りつけていたといいます。当時は今の工場と違って、現場はかなりうるさかったようですが、大野氏は問題を起こした社員ではなく、なぜ職長を大声で叱るのかについてこう理由を話していました。

　「工場はうるさいから、よほど近くにいないと何を言っているかは聞こえない。それでも自分たちのリーダーである職長が大声で叱られているというのは分かるから、それを見て部下たちは『自分たちがしっかりやらないと職長に迷惑をかける』と気を引き締めることになるため、あえて大声で叱っていた」

　自分たちの代わりに叱られ役の生徒や職長が叱られていると思

えば、たしかに周りの人間は「叱られているのはあいつだけど、本当は自分たちがしっかりしないと」となるものです。

　その意味では叱られ役をつくるというのは効果的な手法と言えますが、その際、叱っている人と叱られ役の間にきちんとした信頼関係がないと、叱られ役はメンタルをやられるだけに注意が肝要です。

　信頼関係のない叱られ役をみんなの前で頻繁に叱ることはただのいじめであり、パワハラとなるだけに、叱られ役のメンタルを無視した、叱る側の「こいつは叱っても大丈夫だ」という勝手な思い込みは避けたいものです。

　本来、みんなの前で叱られて平気な人はいません。たとえ叱られても仕方のないことをやったとしても、叱る時には「1対1で叱る」のが原則ですし、それもできるなら人目を避けた会議室などのブラックボックスで叱るのがセオリーです。

　理由の1つは、叱られる部下のメンツを潰さないことですが、より重要な理由は、普段の仕事モードから場所を変えることで、「いつもと違う」空間と関係をつくり出すためです。

　普段の仕事の延長で席に呼んで叱ったとしても、部下にとっては「またいつものやつか」で終わりますが、会議室などに呼び出して、普段とは違うシリアスなモードで話せば、部下も「あれ、なんかいつもと違って真剣だな」と緊張して話を聞くことになります。叱る時には1対1が原則で、叱られる側が真剣に話を聞く雰囲気をつくることが大切なのです。

基本的行動
　叱る時には1対1の真剣モードを演出しよう。

叱られる側にも作法がある

　上司にとって部下を「叱る」というのは、腹立ちまぎれに叱りつける人はともかく、たいていの上司にとって部下の成長を願い、「嫌われることを覚悟」して行うものです。

　ましてや今の時代、自分の言葉が録音されることも多いだけに、叱るためには準備と覚悟を欠くことはできません。こうした叱る側の覚悟に対して、叱られる側である部下にはどのような心構えが必要なのでしょうか？

　上司や取引先から叱られているとき、叱られる側の態度いかんで相手の怒りがおさまることもあれば、怒りが増幅することもあります。

　叱っている相手の怒りを増幅させるのは、やはり叱られる側の態度に原因があるようです。

　叱られる側が「あなたの言葉を私は真剣に受け止めています」という態度であれば、叱る側も「こいつはこっちの言うことをちゃんと聞いているな」と思い、徐々に冷静になることができますが、なかには「ハイハイ、分かりましたよ」というように小刻みにうなずいたり、「もういい加減にして欲しいな」といううんざりした顔をしてしまうと、「なんだ、こいつは。ちっとも反省

していないな」と火に油を注ぐ形になってしまいます。

　相手が本気で叱っている時には、叱られる側は「しっかり聞いています」ということを「態度」で示すことが大切になります。

　とはいえ、時には叱る側の言っている内容について、反論したくなることもあるはずです。もちろん自分に非があるものについてはしっかり反省することで今後は言動を改めたり、今後の糧にすることが必要ですが、なかには叱る側が誤解をしていたり、明らかに間違った内容の時もあるはずです。

　しかし、そんな時にも、相手がまだ叱っている途中なのに、言葉を遮って「そうではなくてですね」などと言おうものなら、相手はカーッとなり、さらなるエネルギーを使って叱り始めるだけに注意が必要です。

　相手が怒りを持って叱っている時は、たとえ誤解があったとしても、まずは「申し訳ありませんでした」と謝ることです。そして相手が「言いたいことをすべて言って」落ち着いたところを見計らって、「少し私から話をさせていただいてもよろしいでしょうか」といった言葉を添えたうえで話し始めると、相手も聞く耳を持ってくれます。

　叱られる時は、まずは相手の言うことを最後まで「聞き切って」、そして冷静に弁明をするというのが基本です。そのうえで最後に「今日、指摘していただいたことを肝に銘じて今後一層努力します。ありがとうございました」と感謝の気持ちを伝えれば、相手に与える印象もまるで違うものになるのです。

基本的行動
　叱られる時は相手の話を謙虚に「聞き切る」ことが基本です。

叱る側に問われる「人間力」とは

　ほめるにしても、叱るにしても、「何を言うか」以上に大切なのが「誰に言われるか」です。

　日ごろから「あの人は信用できないな」と思われている上司がいくら部下をほめようが、部下が本気で喜ぶことはありません。ましてや信頼できない上司の「叱る」では、部下は「あなたには言われたくない」などと反感を覚えるだけです。

　一方、上司と部下の間に信頼関係があれば、ほめられれば素直に嬉しいし、たとえ叱られたとしても部下はその言葉を糧とすることができます。

　ホンダの創業者・本田宗一郎さんは戦前の生まれということもあり、部下に対してカミナリは落とすわ、鉄拳制裁も辞さないような厳しさを持っていましたが、それでも本田さんを慕う部下がたくさんいました。

　理由はそこに「正義」があったからだといいます。ある時、入社3年目の若いホンダ社員が、コストと手間のかかる部品の全品検査をやめて、抜き取り検査ですませ、不良品が出た場合には良品と交換すればいいと本田さんに提案したところ、本田さんは烈火のごとく怒りました。

　理由はメーカーにとっての不良率はわずかなものでも、お金を出して不良品を買ったお客さまにとって不良率は100％であり、そんないい加減な製品はつくれない、というのが本田さんの信念でした。

　そこにあったのは「つくる以上は最高の製品を」という本田さんのものづくりにかけるプライドであり、こうした絶対の正義を背負って叱るからこそ、本田さんの言葉はみんなを納得させたし、叱られた部下も本田さんを慕い尊敬もしたのです。

　本来、怒りの感情は人と人を引き離すものです。にもかかわらず、あえて部下を叱る以上、叱る側の上司にも部下から信頼されるだけの「人間力」が求められることになります。たとえば、自分にできていないことがあるにもかかわらず、できない部下を厳しく叱る上司を見て、部下はこう感じます。

　「あなただってできないくせに」

　こうした「自分に甘く、他人に厳しい」人間の言うことを部下が本気で聞くことはありません。あるいは、上の人間には腰が低く、下には威張りたがる「目上の者には愛玩犬、目下の者には狩猟犬」も部下は冷ややかな目で見ているものです。

　部下を叱る以上、叱る側の上司には①謙虚な姿勢、②部下の成長を願う気持ち、③自分への厳しさ、④絶えざる向上心―などが求められています。「何を言おうか」「どのように言おうか」という叱る技術を磨くだけでなく、自分を磨き続けてこそ部下に伝わり、部下の成長を促す叱り方ができるのです。

基本的行動
　上司は叱る技術だけでなく人間力を磨き続けよう。

第5章

こんな時にはどうしよう
「叱る」対処法

「電話を取らない新入社員」をどう叱るか

　４月というと、今でも多くの企業では学校を卒業したばかりの新入社員が入社し、それぞれの職場に配属になります。そんな新入社員にとって最初の難関の１つが「職場にかかってきた電話に出る」ということです。

　かつては「新人だから電話に出ろ」の一言で、まだ右も左も分からない新入社員が嫌々ながらも電話に出たものですが、この数年、聞かれるようになったのが「電話を取ろうとしない新入社員」の存在です。

　理由はいくつかあるようです。

1．生まれた時から携帯電話があり、固定電話にあまり馴染みがない。
2．会社のことさえ分からない自分が電話を取るよりも、勝手の分かっている先輩や上司が出る方が効率がいい。
3．まだ電話の取り方や出方も分からないのに電話に出ると、どうしていいか、何を言っていいか分からず相手に不快な思いをさせてしまうことが怖い。
4．どうせ自分には関係のない電話なのだから、わざわざ自分が

出る必要はない。

　かつての先輩たちも似たような疑問を感じてはいても、「新人は電話が鳴ったらすぐに出ろ」の一言で「そういうものか」と納得していましたが、今の時代、それで納得する新人はあまりいません。では、代わりに先輩や上司が出ればいいのかというと、もちろんそうではありません。

　こうした新人に上司は「なぜ電話に出なければならないのか」を理解させ納得させることが必要になります。

　たとえば、電話に出て、電話を取り次ぐことで会社の中にどんな人がいるかを知ることができますし、取引先の会社名や自社の商品などを知ることができます。電話に出ることは知識を広める良い機会となるのです。

　しかも入社から２、３カ月は電話に出るのは新入社員が多いという暗黙の了解があるため、多少拙い対応をしたとしても相手も大目に見てくれる。言わば、失敗の許される時期だからこそ新入社員は恐れず堂々と出ればいい、ということを伝えます。

　新入社員の中にもこうした下積み的な仕事を率先してやるタイプと、避けようとするタイプがいます。上司が叱るべきは後者です。下積み的な仕事の意義を伝え、相手が嫌な顔をしても、逃げようとしても、あえてやらせるようにします。「やらなければならない仕事」をやろうとしない新入社員を叱ることができるかどうかは、上司としての器を測る尺度でもあるのです。

基本的行動
　上司は新入社員の「電話に出たくない」に安易に流されるな。

規則を守れない部下を
どう叱るか

　会社には、就業規則があり、それぞれの職場には決められた細かなルールがあります。しかし、なかにはこうした細かなルールに無頓着な人やルーズな人がいます。

　たとえば、「会議室を使用したら使った椅子や机を元に戻し、備品類も必ず決められた場所に戻す」と決められているにもかかわらず、机や椅子をそのままにして平気な人がいます。

　あるいは、「コピー機を使い終わったら、必ず設定はリセットする」という決め事があるにもかかわらずそのままにしたり、コピー用紙がなくなったにもかかわらず補充せず立ち去ってしまう人もいます。

　こうしたルール違反に対して注意をすると、こう反論する人がいます。

　「忙しくてつい忘れてしまっただけなのに、何もそんな細かいことまで言わなくても」

　「コピー用紙がなくなったぐらい大したことじゃないんだから、そんなに目くじら立てなくて」

　ほかにも勤務時間中にもかかわらず、パソコンを使って仕事と関係のないものを見る人もいれば、5分、10分くらいの遅刻を

何度も繰り返す社員もいるのではないでしょうか。

　組織におけるルールは「大事は軽く、小事は重く」でなければならないというのがキヤノン電子の社長・酒巻久氏の考え方です。

　同社の秩父本社には社員用駐車場は「全社前向き駐車」として、「３回破った場合は解雇」というルールがあり、実際にルール違反で解雇された若手社員がいたといいます。

　当然、「たかが駐車場で、何もそこまですることはないのでは」という反論もありましたが、酒巻さんは「その程度のことが守れないようでは、いつ、どこで、どんな大失敗をしでかすか分からない」として、小さなルール違反も見逃さないという姿勢を貫いています。

　たしかに「小さなことで規律を破ると、やがては大きなことで規律を破るようになる」ものです。あるいは、生産現場などでは「このくらいは」という小さな気の緩みが大きな問題や事故につながることも少なくありません。

　そうならないためにも上司は小さなルール違反にこそ目を配ることが大切なのです。

　小さなルール違反を平気で繰り返す部下にはルールの意味をしっかりと伝えたうえで、注意を促します。しかし、それでも改善の気配がない場合、厳しく叱ることも上司の「真剣さ」を分からせるという点ではとても大切なことなのです。

基本的行動
　小さなルール違反こそ大目に見ないで厳しく接しよう。

叱っている途中で
部下がパニック

　上司に叱られた時の部下の反応はさまざまです。

　叱られたことをしっかりと受け止めて糧にできる人もいれば、「上司に叱られた」という事実だけで意気消沈してすっかり自信をなくしてしまう人もいます。

　だからこそ上司は部下の性格をきちんと把握しておくことが必要になりますし、その性格や仕事ぶりを見ながら時にほめたり、時に叱ったりすることになります。

　つまり、上司は叱る技術やほめる技術を身につけるだけでなく、部下1人1人に応じた叱り方やほめ方、さらには臨機応変の叱り方・ほめ方も身に付けることが必要になるのです。

　たとえば、あなたが部下を1対1で叱っている時、部下がひどく落ち込んだり、泣き出してしまい、話ができない状態に陥った時にはどうすればいいでしょうか？

　「叱られる」というのは、部下にとっては辛く嫌なことです。相手の感情を大きく動かすため、落ち込んだり、泣き出したり、あるいは逆ギレするというリアクションは決して少なくありません。当然、上司もこうしたリアクションは想定しているわけです

が、実際に目の当たりにすると、うろたえてしまいます。

　叱っている側は「部下のためにあえて厳しいことを言わなければ」と覚悟をしていたとしても、相手が想像以上に落ち込んだり、反省モードに入ってしまうと、それ以上叱ることができなくなってしまいます。

　相手は「降伏」しているにもかかわらず、さらに叱るとなると、「溺れる犬に石を投げる」ような気持ちになり、「そこまで言ったつもりはなかったんだけど、何もそんなに落ち込まなくても」と上司自身が罪悪感を覚えるようになってしまいます。

　しかし、ここで上司が部下の激しいリアクションに戸惑い、叱ることをやめてしまっては、部下のためにもなりませんし、成長の機会を奪うことにもなりかねません。

　さらに慌てて「ちょっと言いすぎた。そんなつもりじゃなかったんだ」と言い訳をしてしまっては「叱った」こと自体が台なしになりますし、「そんな落ち込まなくても大丈夫だよ」と優しく声をかけたとしても、一度、パニック状態に陥った相手の気持ちが落ち着くことはありません。

　このような時には慌ててフォローするのではなく、相手が落ち着くまで「とにかく待つ」ことです。そしてそれでもダメなら時間や場所を変えて、あらためて話す機会を持ちましょう。そうすることで部下にも「考える時間」が生まれ、「叱られた意味」を考えることができるようになります。相手がパニックに陥ったら慌ててフォローせず、「待つ」ことが大切なのです。

基本的行動
　叱った相手がパニックに陥ったら慌ててフォローせず待つ姿勢を。

187

叱っているのに言い訳ばかりで反省しない部下

　「できない言い訳は100ほどもある」というように、人間はやりたくないと思ったなら次々と言い訳を考えるもの。しかも、その大半が「自分の責任ではないもの」というところに言い訳の多い人の特徴があります。かつてある企業が「なぜ商談がまとまらなかったのか」という理由を営業社員に聞いたところ、次のような原因が挙がりました。

1．景気が悪くて、ものが売れないから。
2．競合他社の商品の価格が安くて太刀打ちできなかった。
3．競合他社の関係者とお客さまが親しい関係にあった。
4．お客さまの予算の関係で契約が延期になった。

　いずれも原因は「自分以外」であり、「自分としてはがんばったけれども、それ以外の原因でダメになった」というものばかりです。これなら自分が責められることのない便利な言い訳です。
　「これは本当なのだろうか？」と疑問を感じた営業の責任者が商談のまとまらなかったお客さまの声を外部に依頼して集めてもらったところ、こんな理由が挙がってきました。

１．約束の時間に遅刻する、見積書の期日も守らず信用できない。

２．服装がだらしなくルーズな印象。

３．価格の話ばかりで、何を望んでいるか真剣に聞こうとしない。

　原因の多くは「外」ではなく「内」にあったのです。大切なのは正しく「原因」を知り、「対策」を立てることなのですが、こんな「自分以外の言い訳」ばかりをするようでは本当の改善策を考えることなどできないというのが営業の責任者の実感でした。

　しかしながら、営業の訪問件数の少なさなどを部下に指摘した場合、部下が「そうですね。改めます」とすぐに納得することはほぼありません。部下には部下の言い分があり、たいていはあれこれと言い訳をしながら上司の言い分をかわそうとします。

　そんな言い訳の多い部下に対して、最もやってはいけないのは「やればいいんだよ」と感情的に叱ったり、話を遮って上司が一方的に話すことです。たしかに言い訳ばかり聞かされる上司のイライラは理解できますが、これでは部下はふてくされ、さらにやる気を失います。言い訳の多い部下への対処はこうです。

１．部下の言い訳は最後まで黙って聞き切る。

２．部下の言い訳にある「論理のほころび」を１つずつ指摘する。

３．部下が「自分の責任」を自覚したら一緒に改善策を考える。

　部下の言い訳には「改善のヒント」があると考えましょう。

基本的行動
　部下の言い訳を聞き切った後「自分の責任」を自覚させよう。

何を聞いても「大丈夫」。実はちっとも「大丈夫ではない」部下をどう叱るか

> 上司「今、君が担当しているプロジェクトだけど、問題が起きて進捗が遅れていると聞いたんだけど、大丈夫か？」
> 部下「問題といっても大したことじゃないし、遅れもほんのちょっとですから大丈夫ですよ」
> 上司「間に合わないのなら応援を出すけど、本当に大丈夫か？」
> 部下「大丈夫ですよ、最後はちゃんとやりますから」
> 上司「そうか、じゃあ、頼んだぞ」

　状況を聞くと、問題だらけでまったく大丈夫ではないにもかかわらず、平然と「大丈夫です、全然OKです」と答える人がいます。ところが、現実にはプロジェクトは遅れに遅れてお客さまにも会社にも大変な迷惑をかけてしまうということがあります。

　なぜ大丈夫ではないにもかかわらず、「大丈夫」と言ってしまうのでしょうか。なかには問題が起きていることや、明らかに間に合わない事態に陥っていることを軽く見て、「最後は何とかなるさ」と楽観主義の人もいるかもしれませんが、こうしたケースでの「大丈夫です」は上司が「大丈夫か？」と聞くことで反射的に「大丈夫です」と答えるということも考えられます。

　トヨタ式に「『きく』には3つある」という言い方があります。

1．聞く
2．聴く
3．訊く

　トヨタのベテラン社員が協力会社の工場を訪ね、最初に「何か問題はありませんか？」と「聞いた」ところ、「小さな問題は2、3ありますが、ほかには特にありません」という答えが返ってきました。しかし、ベテラン社員の目には「問題はそんなものではない」ということがすぐに分かりました。

　そこで、具体的な事例を出しながら「たとえば、あの工程で問題はありませんか？」などと詳しく「聴いた」ところ、「あっ、そういえば」と数十個の問題が出てきました。そこで、さらに突っ込んで「訊いた」ところ、優に100を超える問題が出てきたといいます。

　この話が教えてくれるのは、人は「大丈夫か？」と聞かれればつい「大丈夫です」と答えるし、「問題はないか？」と聞かれれば「問題はありません」と答えるのに対し、より具体的に聴いたり訊けば大丈夫ではないことや問題が出てくるのです。

　楽観主義の部下に対峙する時は安易な楽観論を信じないことです。「大丈夫」や「問題ありません」の根拠の理由を問い、具体的な問いを畳みかけることで「大丈夫」「問題なし」とは言いきれない「厳しい現実」を理解させることです。楽観主義の部下は「叱る」以前に「現実」を理解させることが何より大切なのです。

基本的行動
　安易な「大丈夫」にはその根拠と理由を問い直そう。

086 こんな時どうする④

すぐに激昂したり、
「逆ギレ」をする部下

　上司が部下を叱ったり、厳しく指導をした時、それを素直に受け入れてくれる部下ばかりなら、上司としてこれほど楽なことはありませんが、もちろんそんな部下ばかりではありません。

　泣き出したり、言い訳をしたり、話をそらそうとする部下もいれば、上司の言葉に激昂して逆ギレをする部下もいるはずです。たとえば、こうです。

　「そんなことを言われるなんて、心外です。課長のことを見損ないましたよ」
　「私は何も間違ったことなんかしていませんよ。間違っているのは課長の方じゃないですか」

　叱る前には当然、上司は情報を集め、「何をどのように話すか」について脳内予行演習も行っているはずです。ある程度は部下の反論も想定しています。それでもこうした激しい言葉を浴びせられると、ひるんでしまい、激昂している部下を何とかなだめようとする上司も少なくありません。たとえば、こうです。

「まあ、そうはいっても、君が日頃からがんばっているのはよく分かっている」

「私はそうは思っていないけど、上司がそう言っているから仕方がないんだよ」

　何とか怒りを鎮めようという考えからの発言ですが、こう言われたからといって部下の怒りが簡単に鎮まることはありません。むしろ「この人は自分のことを怖がって適当なことを言っている」「人のせいにして無責任な人だ」と足元を見られ、その後、軽蔑の目でみられることになってしまいます。

　では、どうすればいいのでしょうか？

　1つの方法は、「部下の思い」を聞くことです。現実に問題が起きているからこそ上司は部下を「叱る」わけですが、それに対して「違う」と言う以上、「何が違うのか」「では、どうすればいいのか」といった部下の思いを自由に話してもらいます。

　上司がその話を最後まで聞き切れば、部下は「言いたいことは言った」とスッキリして怒りも静まることになります。あるいは、何の考えもなしにメンツから怒っているとすれば、「じゃあ、この問題はどうしよう」と一緒に考えればいいのです。

　突然、相手にキレられると、誰でも驚き頭が真っ白になります。そんな時、大切なのはなだめたり、ムキにならず、相手に話したいだけ話させることです。言いたいことを言った相手は徐々に落ち着きを取り戻し、会話ができるようになるのです。

基本的行動
　激昂した相手には自由に話をさせよう。やがて落ち着いてくる。

失敗を恐れて
挑戦をしない部下

　上司の役目は部下を通じて成果をあげることですが、もう１つ大切なのは「部下を育てる」ことです。そのためには部下に「少し難しい課題」を与え、挑戦させることが必要になりますが、部下のなかには難しい課題に挑戦することを嫌がったり、責任ある仕事を任されることを嫌う人もいます。

　能力がないわけではありません。今の仕事に関してはそつなくこなすし、メンバーとのコミュニケーションにも問題はありません。しかし、言われた以上のことはやろうとしませんし、自分から仕事の幅を広げようとする姿勢も見せません。

　これでは「今」はいいとしても、部下の「将来」のためにはなりません。そんな部下に対して、上司は「叱る」まではいかないにしても、どのようにはっぱをかければいいのでしょうか？

　このケースでは２つのことが考えられます。

　１つは、部下は「今の状態に満足」しており、これ以上、余計な仕事を抱えたり、責任が重くなるのは嫌だと考えているケースです。今のままでも仕事は楽しいし、「このままやっていけたらいいな」ということでしょう。

　しかし、現実には仕事に「現状維持」はありません。ましてや

今日のように変化の激しい時代、日々学び日々挑戦しない限り、現状維持は「後退」と同じことになります。

このケースのように、「今のままで十分」という部下には、「今のままだと何が起きるのか？」を示して危機感を煽る必要があります。つまり、後輩たちに抜かれ、現状維持すらできなくなることを伝えます。

すると、「このままではまずい」と考え、やる気を出すはずですから、その時には仕事の幅を広げ、能力を高めるために「難しいことにもあえて挑戦する」ように背中を押しましょう。失敗を恐れるあまり挑戦を怖がる部下には上司の力強いバックアップが何より有効なのです。

もう1つのケースは上司と部下の「価値観の違い」です。

たとえば50代の上司にとって「仕事を通して成長し、自らのキャリアを積んでいく」というのは当たり前のことであり、そのためには「仕事で滅茶苦茶がんばって出世する」ことこそ望ましい生き方でしたが、今の20代にとって仕事は「人生のすべて」ではありません。

趣味やプライベートを含めて自分の時間をいかに価値あるものにするかが大切だと考える部下に、上司の価値観を押し付けるのは無理があります。求められるのは部下の考えるキャリアについてしっかりと話し合い、どのような働き方を部下が理想としているかを知ることです。価値観の違いを埋め、同じ目標に向かってまとまるためにはコミュニケーションが何より大切なのです。

基本的行動
　価値観の違う部下には無理強いせずコミュニケーションを大切に。

何度注意しても同じ失敗を繰り返す部下を叱る

　遅刻や書類の提出遅れ、作成書類の誤字脱字といった失敗を何度も繰り返す人がいます。注意をするとその時は「以後、気をつけます」と反省はするのですが、しばらくすると同じことを繰り返し、再び注意をすることになります。

　あまりに繰り返されると怒鳴りつけたくなりますが、こうした人はたとえ怒鳴りつけ、その時は大いに反省したとしても、やはり繰り返すことが多いようです。何故でしょうか？

　1つには失敗には「許される失敗」と「許されない失敗」があることを理解していないということが考えられます。

　「許される失敗」は本来、新しいことや難しいことに挑戦をした結果の失敗です。こちらは失敗からたくさんのことを学び、次なる成功につなげることができるだけに「許される」し、「望ましい」失敗と言えます。

　一方の「許されない失敗」は、仕事を甘く見ての失敗や、いい加減な気持ちで仕事に取り組んだ結果としての失敗です。たとえ簡単な仕事でも初めてであれば失敗しても仕方ありませんが、経験を積んだ人が何度も同じ失敗を繰り返すというのはそこに何らかの問題があるのはたしかです。

この場合、なぜ慣れている仕事にも関わらず、何度も同じ失敗をするのかという理由を考えることが必要になります。そのうえで「２度と同じ失敗をしないほどの改善」が必要になりますが、そうしたことをしないままに失敗を叱り、部下から「今後、２度と失敗しないように気をつけます」という言葉を引き出したとしても何の意味もありません。

これでは上司自身も「失敗した部下を叱る→反省する→再び同じ失敗をする→再び叱る」という「同じ失敗」を繰り返していることになりかねません。

部下に限らず、子どもでも失敗した時に大切なのは、厳しい罰ではなく、失敗したあとにどうすればいいかを教えることです。大事なのは失敗をしないことではありません。失敗した時には正しい行動を取り、かつ失敗から教訓を学ぶという姿勢があってこそ人は成長できるし、挑戦もできるのです。

何度も同じ失敗を繰り返す部下を叱る時、上司が部下に考えさせなければならないポイントが２つあります。

１．なぜ同じ失敗をするのかという原因の究明
２．同じ失敗を繰り返さないための改善策

この２つがあってはじめて、上司の「叱る」は効果を発揮しますし、２度と叱らなくてもすむようになるのです。叱る目的は部下の「すみません」「気をつけます」を聞くことではなく、部下が２度と同じ失敗をしないようにすることなのです。

基本的行動
同じ失敗を繰り返す部下に求めるのは謝罪より改善策。

今は成果の出ない
年上部下をどう叱るか

　役職定年や再雇用などで年上の部下が増えてきており、その扱いに苦慮しているという管理職は少なくありません。

　なかには若い頃、飲みに連れて行ってもらったり、仕事で助けてもらったりと、とてもお世話になった「元上司」が「今は部下」として自分の部署にいるというケースもあり、こうした「年上部下」へと対応はとても厄介なものです。

　本来、会社が「年上部下」に期待するのは何でしょうか？

　かつて課長や部長を務めた人であれば、当時はそれなりの成果をあげたからこそ昇進したわけです。仕事だけでなく人間関係や部下の育成といった面でも豊富な経験と知識を持っているわけですから、それらを職場に還元してくれることを会社も今の管理職も期待しているわけです。

　ところが、実際には「過去の成功体験」や「過去の栄光」にとらわれるあまり、今の職場や今のやり方、今の人間関係に適応ではないというケースが少なくないようです。

　企業の生産改革でもしばしば問題になるのは、過去に自分たちに成功をもたらしてくれたやり方を変えることの難しさです。そんな時、過去の成功を頭ごなしに否定すると大変な抵抗にあいま

す。大切なのは「過去の成功があるからこそ今がある」ということとを認めたうえで、「なぜ変わらなければならないのか」を自覚してもらうことです。

　こうした企業で働く人たちも「過去のやり方と今のやり方のズレ」は何となく理解していますが、それでも「変わる」というのはとても難しいことだけに、「なぜ変わらなければならないのか」「変わらなかったら何が起きるのか」を根気よく説明することが必要になるのです。

　「年上部下」にも同じことが言えます。過去の成功があるから今があるわけですが、過去のやり方が今は通じないということを上司ははっきりと伝える必要があるのです。

　当然、年上部下は「どうしてお前みたいな若造にそんなことを偉そうに言われなければならないんだ」と強く反発しますが、それにひるんで言うことを諦めてはいけません。どうしても言いにくいならこう言いましょう。

　「立場上、私は言わざるを得ないのですが○○さんも元管理職の立場だったので、私の立場もよくお分かりだと思います」

　さらにこうも言います。

　「○○さんが過去に立派な成果をあげられたことはもちろんよく存じ上げていますが、評価の対象となるのは、過去の成果ではなく、あくまでも今の成果なのです」

　年上部下にとっては厳しい言葉ですが、誠意をもって話をすることで相手も話を聞く気持ちになってくれるはずです。

基本的行動
　過去を認めたうえで、過去と今のズレを理解してもらおう。

中途入社で期待外れの社員をどう叱るか

　中途入社というのは入社する側にとっても、迎える側にとっても案外と神経を使うものです。それでも未経験者や若い人であれば新入社員を迎えるのと変わりませんが、経験者、それも前の会社でそれなりの実績を上げた人やスカウトに近い形の入社となると話が違ってきます。

　迎える側は中途入社者の持つ知識や経験、人脈などに期待しますし、できれば「新風を吹き込んでほしい」という願いも持っています。当然、一緒に働くことになる社員は「一体、どんな人が来るのかな」と興味津々です。

　もちろん中途入社者の緊張もかなりのものです。何も知らない新入社員であれば、企業も1年くらいは「育てる期間」として教え、育つのを待ってくれますが、実績ある中途入社者の場合は「すぐに」ではないにせよ、やはり「3カ月」くらいで結果を出してほしいと期待しています。

　それだけに以前いた同業他社では優秀だった人が中途で入社、周りも大いに期待しているにもかかわらず自社ではまったく成果が出せないとなると、その人を預かる管理職としては気が気ではありません。

　「もしかしたら自分の指導方法に問題があって、十分に力を発揮できないのではないか」と不安になりますし、周りも「あいつには指導力が欠けているのでは」などという目で見られているのではないかとも考えるようになってしまいます。

　期待通りの成果が出せない中途入社の部下に管理職はどう対処すればいいのでしょうか？

　中途入社者が新しい会社に移って成果が出ない理由としてよく挙げられるのが「企業文化ややり方の違いになじめない」ことです。たとえ同じ業種で同じような仕事をするとしても、それぞれの企業には長年培ってきた文化ややり方があります。お客さまの気質や企業の見方も違います。

　にもかかわらず、中途入社者の多くは前の企業のやり方を踏襲することで、お客さまとの間にズレが生じ、思うような成果があげられないということがよくあります。

　こうしたケースで上司がやるべきは、前の会社と今の会社の文化ややり方の違いを指摘したうえで、「成果をあげるためには、過去の経験を生かしつつも、新しいやり方に変えていくことだ」ということをはっきりと伝えることです。

　年上部下もそうですが、過去に成功した人が「変わる」というのは大変なことです。しかし、変わらなければ「今後の成功」はない以上、言い方には細心の注意を払いつつ、その事実をしっかりと伝えるのが上司の役割なのです。

基本的行動
　期待外れの中途入社者には現実を教え「変化」を迫ろう。

上から目線の部下を
どう叱るか

　上司が部下を叱ったり、指導している時、部下の方からこんな反論を受けたことはないでしょうか。

　「そうはおっしゃいますが、私は○○課長のやり方が間違っているから結果が出ないんじゃないかと思うのですが」

　「部下は上司を３日で見抜く」という言葉は既に紹介しましたが、たしかに部下は日ごろから上司の言動をよく見ています。見ながら「もっとこうしたらいいのになぁ」などと考えることもあるだけに、上司から叱られたり、注意された時につい日ごろ考えていることを言いたくなるものです。

　もっとも、言われた上司もこうした「上から目線の批判」に対しては「自分のことを棚に上げて、人を批判するとは。こっちに責任転嫁か」と「カチッ」ときますが、ここで「生意気なことを言うな」と怒ってしまっては冷静な話し合いなどできなくなってしまいます。

　では、どうすればいいのでしょうか？

　こんな時には部下にこう質問してみましょう。

　「私のやり方が間違っているとして、君が私の立場ならどのように改革するつもりですか？」

「私のやり方が間違っているというのなら、どこが間違っていて、どう改めればいいかを教えてくれませんか？」

たいていの人は批判することは得意でも、「では、どうすればいいか」という代案までは考えていません。なかには「それを考えるのはあなたの仕事でしょ」と逆ギレする人もいますが、上司のやり方を「間違っている」と批判した以上、そこに何の代案もないとすれば、この部下の能力を疑うほかありません。

反対にもし「私ならこうする」というアイデアを持っていたとしたら大したものです。その場合は、「是非君のアイデアを聞かせて欲しい」とアイデアに耳を傾けましょう。そのうえで部下のアイデアに矛盾があれば、その点を指摘しますし、聞くに値するものがあれば、「いい考えだね、参考にさせてもらうよ」と素直に認めましょう。

しかし、現実には上司目線を持って仕事をしている部下はそれほど多くはありません。トヨタ式に「二階級上の立場で考えろ」という言い方があります。一般社員であっても「係長なら」「課長なら」という視点でものごとを考えるようにしなさい、という意味ですが、ほとんどの社員は「今の立場」でしかものを考えないものです。

「上から目線」の部下には「君が上司ならどうするのか」を考えさせましょう。そのうえで「上司の立場」から「部下の何が問題で、何を変えなければならないのか」をしっかりと自覚させることが大切なのです。

基本的行動
　上から目線の部下には「君が上司なら」と質問してみよう。

「俺はすごい」と
慢心している部下

　上司にとって「叱る」相手は、仕事のできない、問題の多い部下とは限りません。なかには仕事はそれなりにやっているけれども、チームワークがとれないとか、「俺はすごい」とやたらとプライドの高い部下も含まれています。

　ある企業が工場全体で改善活動に取り組んだ時のことです。ある工程で働く若い社員はとても優秀で、次々と改善のアイデアを出してそれを実行していきました。結果、その工程の能率は一気に上がることになりましたが、ある日を境にその若い社員は改善をやめてしまいました。

　改善報告会で工場の責任者が若い社員の改善の見事さをほめたあとで、こう質問しました。

　「最初はすごい勢いで改善に取り組んでいたのに、急にやめたのは理由があるのかい？」

　若い社員はこう答えました。

　「私としてはできる限りの改善はしましたが、前後の工程の改善はほとんど進んでいません。これでは自分がどんなに改善を進めても意味がないなと思ってやめました」

　たしかに一部の工程だけが改善を進めても、前後の工程が進ま

ないとムダが生まれる原因となるだけに、改善を止めること自体は間違ってはいません。しかし、問題は若い社員が「自分に比べて周りはダメだ」と思いこんでいることでした。

　若い社員の優秀さはみんなが認めるところですが、若い社員には他の人と協力したり協調するのが苦手なところがありました。そこで、工場長はこう語りかけました。

　「たしかに君の改善は見事なものだったが、改善というのは自分だけ進めてもダメなんだ。もし前後の工程が遅れているのなら、前後の工程の人と話し合い協力して一緒に知恵を出せばいいじゃないか。みんなと協力するともっといい改善ができるんだよ」

　仕事は自分1人ではできません。自分に仕事を渡してくれる人がいて、その仕事を受け継いでくれる人がいるからこそ仕事は成立します。「自分は何でも知っている」とか、「自分はすごい」と思いこんでいる部下には、相手のことを考えながら仕事を勧めることの大切さに気づかせることが何より重要になります。

　グーグルには「飛行機テスト」と呼ばれる採用試験がありました。「この人物と数時間、飛行機で隣り合わせになったらどう思うか」を面接官が話し合うことで合否を決めるものです。

　どんなに優れた才能があっても、チームワークが成り立たないようなエゴの強さは仕事を阻害する要因となります。自分の優秀さに自信を持つのは悪いことではありませんが、そこにチームワークが加わることでより大きく成長できると教えるのも上司の大切な役割なのです。

基本的行動
　優秀だがエゴの強い社員にはチームワークの大切さを教えよう。

オンラインで「叱る」ことはできるのか

　上司が部下を叱る場合、できるなら会議室などの密閉空間で1対1で叱りたいものです。そして叱るにあたっては、噂話や思い付きで叱るのではなく、できるだけ「事実」をしっかりと集めたうえで叱ることが理想です。

　ところが、最近では業務連絡の多くをオンラインでやり取りして、「仕事の邪魔にならないように」と直接会うことはもちろん、電話をかけることすら遠慮する職場も増えています。電話は自分にとっては都合が良くても、相手の都合を考慮せず時間を奪うものになりがちだからです。

　こうした職場では「顔を合わせて話をする」機会は滅多にありません。あるいは、メンバーのほとんどが宿泊を伴う出張が多く、顔を合わせるのはせいぜい月に数回といった職場の場合なども上司にとって部下の情報を集めたり、1対1で話をする機会はほとんどありません。

　では、こうした普段顔を合わせない部下に対して「叱る」に限らず、「ほめる」とか「話す」といったことはどうすればいいのでしょうか?

　通常の業務連絡と同様に「メール」を使えばいいのでしょ

か。「フィードバック」で知られる中原淳さんによると、メールで叱ったり、厳しいことを指摘するのは「やめた方がいい」となります。理由は「絶対に誤解が生じるから」です。

　理由は2つあります。

　1つは1対1で話すことに比べて、情報量が圧倒的に少ないからです。会って話すというのは、これまでも何度か触れたように言葉以外にも話すトーンや口調、顔の表情、身振りなどたくさんの情報を発信することができるため、部下にとっては「言葉だけ」とは別の上司の感情や意図を知ることができます。

　たとえば、口調は柔らかいのに表場がとても厳しいとか、厳しいことを言ってはいるけれども、表情には思いやりがあると感じれば、「言葉だけ」とは違う受け止め方ができます。ところが、メールは「文字だけ」なので、部下にとってはその文章がすべてとなります。

　これでは時に誤解が生まれることになります。

　理由の2つめは双方向性がないことです。対面であれば上司の言葉や部下の言葉に即座に反応できますが、メールだと相手のメールを待って反応するほかありません。これでは上司のメールに部下が予想以上のショックを受けたとしても、上司がフォローすることはできません。ここにも誤解が生じる恐れがあります。

　このようにメールで叱るのは難しいものです。どうしても会って話すのが難しければ、電話やテレビ電話などを使う方がより効果的と言えます。

基本的行動
　メールで「叱る」ことの難しさを自覚しよう。

「お友だち部下」を
どう叱るか

　上司と部下の関係は以前に比べて大きく変わってきています。かつて課長といえば、若い社員にとっては年齢も大きく離れた、ちょっと怖い存在でしたが、組織がフラット化してくるにつれ課長と社員の距離も縮まり、業種によってはかなり若い管理職も誕生しています。

　そして課長自身もハラスメントなどを意識することもあってか、部下への接し方もずいぶんと気を使うようになっています。結果、若い管理職が率いるチームはもちろんのこと、そうではない管理職が率いるチームでも、管理職と部下の心の距離が近すぎる、言わば「お友だち状態」になっている職場も見受けられます。

　こうしたチームはメンバー同士の仲も良く、活気にあふれていますが、上司が部下の問題行動を叱ったり、厳しいことを言って行動の改善などをしようとすると、普段の「お友だち状態」が災いして、上司が何を言っても部下が「舐めてかかる」ということがあります。

　かといってその状態を放置しておくと、上司として他のメンバーへの示しもつきませんし、結果的にチームワークにも悪影響を及ぼすことになりかねません。部下と「お友だち状態」の上司

はどうすれば部下を「叱る」ことができるのでしょうか。

　そもそも上司と部下の間に必要なのは「お友だち関係」ではなく、仕事における「信頼関係」です。部下は上司の指示に対し、「この人の言うことなら」と信頼し、上司は部下を「彼だったら」と信頼して仕事を任せることができるのです。それは単なる「仲の良さ」とは別物なのです。

　「仲の良さ」「お友だち」のまま上司が部下を叱ろうとしても、部下は「なんかいつもの○○さんと違いますね、急にシリアスなことを言われると面喰っちゃいます」とまともに聞こうとはしません。

　それを防ぐためには上司が本気で部下を叱るためにも、真剣な口調で「今日は大事な話があるから」と切り出すことで「いつもとは違う」ことを部下に感じさせます。そのうえで1対1で話すために会議室などに向かえば、さすがの部下も「あれ、何か違う」と気持ちを切り替えるはずです。

　会議室などに入ったら多少の雑談は構いませんが、「今日は上司として君に大事な話がある」「今日は君の仕事のやり方について話したい」と真剣な顔で切り出します。上司の真剣な顔を見れば、部下もいつもの「お友達感覚」からは脱せざるを得ません。

　本題に入り、たとえ部下が落ち込んだとしても気にせず話しましょう。両者の間に信頼関係があれば、真意はきちんと伝わります。そしてその関係を日ごろから築くことこそが上司の役目でもあるのです。

基本的行動
　お友達上司ではなく、「真剣モード」を演出しよう。

095 ダメなら外科手術

いくら叱っても注意しても「変わらない人」にはどう対処するか？

　ここまで「叱る」とか「注意する」際の注意点や対処法について触れてきましたが、なかにはいくら叱られても、いくら「こうした方がいいよ」とアドバイスをしても変わることができない人もいます。

　上司がなぜ嫌われることを覚悟して部下を叱るかというと、それは部下の問題行動などを指摘して「改善」を促すためです。それがチームのためであり、部下の成長のためでもあると信じるからこそ「叱る」ことができるわけですが、その効果がまったくないとなれば、上司としても「叱る」こと自体に意味を感じなくなってしまいます。

　こんな時にはどうすればいいのでしょうか？

　こうした部下に対して、上司が最初に感じるのは「自分の力不足」です。自分のやり方に問題があると思い、自分を責める人もいますが、一方でどれほど手を尽くしたとしても、「変わらない部下」がいることは事実です。

　上司がどれほど叱っても、アドバイスをしても、「変わらない」ということは、「自ら変わらないことを選択している」と考えた方がいいかもしれません。

　このような部下に対しては、2つのステップを踏みます。

　最初は「立て直しの期限」を決めて、上司として「変わる」ように努力します。期限は半年から1年でしょうか。但し、ここで注意すべきは「どうせこの人は何を言っても変わらないんだ」と決めつけないことです。

　上司に必要なのはなかなか変われない人の背中を押して、「少しずつでも変わろうとする人」にすることであり、「変わろうとする人」の支援をすることです。決めつけたり、諦めたりすることなく、手を変え品を変えて根気よくアドバイスを続けるというのも上司の役割なのです。

　では、期限を決めて懸命に努力したにもかかわらずダメな時はどうでしょうか。

　その時には2つめのステップ、つまり配置転換や降格といった「外科手術」となります。

　チーム内の評価が低く、思うような成果があげられない人はチーム内の人間関係に問題があることもあります。あるいは、どうしてもチームに馴染めないということも考えられますから、このような人の場合は配置転換が必要になります。

　ある部署では活躍できなかった人も、異動した部署で活躍を始めるというのはよくあることです。それは上司の責任というよりは、異動したことで「変わる」きっかけができたとも言えるのです。「変わろうとしない人」であっても、きっかけさえあれば人は成長できるし、変わることができるのです。

基本的行動
　「変わらない人」には期限を切り、ダメなら外科手術を。

時には「他力」に依存しよう

　上司は部下をまとめ部下を動かして成果をあげるとともに、部下を育てるという大切な役目も負っています。

　そのためには時に部下をほめ、時に部下を叱ることが求められるわけですが、今日の上司は既に触れたように大勢の多様な部下を抱えているうえ、上司自身もプレイングマネジャーとして自ら成果をあげるように求められることも少なくありません。

　結果、次のような問題を抱えることになります。

1．部下が多すぎて全員を指導する時間がない。
2．部下の中には自分より経験豊富な人もいて、自分の話に耳を貸そうとしない。

　このような問題に対処するうえでのキーワードは「自力」だけに頼らず、上手に「他力」を頼ることです。順番に見ていきましょう。

　まず1の「部下が多すぎる」ですが、最近では若くして数十人を束ねる管理職もいるほどで深刻な問題となっています。本来、1人のマネジャーが管理できる部下の数は5〜7人と言われてお

り、10人を超えると通常の個人面談だけでも多くの時間をとられることになり、マネジャー本来の業務ができないばかりか、部下1人1人について把握することなど不可能になってきます。これでは的確に叱ったりほめたりなどできるはずがありません。

こうしたケースではすべてを自分でやろうとせず、信頼できるリーダークラスを選び、面談や指導などの権限を委譲するといいでしょう。それはリーダークラスを育てることでもあり、大勢いる部下にとってもきめの細かい指導を受けられるというメリットもあります。

但し、任せっぱなしにはせず、権限を委譲しながら、リーダークラスをしっかりと指導し支援することを忘れないように。

では、2の自分より経験豊富な部下がいて、自分の意見に耳を貸さないケースはどうでしょうか。

いくら管理職であっても、すべての職種、すべてのエリアに精通しているわけではありません。たとえば、生産現場や営業現場などにはキャリア数十年のベテランがいて、「その仕事」に関しては管理職を上回る経験と知識を持っているというのはよくあることです。

当然、なかには「現場のことをろくに知らないくせに」と話を聞いてくれない部下もいますが、このような場合、その人の先輩や別の部署の管理職に言ってもらうのも方法です。「叱る」では「誰が言うか」が大切になります。1人で抱え込まずに、時には「他人の力に頼る」のも良い方法なのです。

基本的行動
　1人で抱え込むな、他力に頼り他力を上手に利用しよう。

「パワハラ」にならない叱り方

　今の時代、上司から少しきつく叱られると、それだけで「パワハラだ」と言う社員がいるだけに、上司としては「叱る」ことの大切さは理解していても、どうしても「叱る」ことを躊躇してしまうというのも事実です。

　そもそも「ハラスメント」というのは、「相手の意に反する行為を行うことにより、相手に不快な感情を抱かせること」を指します。いわゆる「嫌がらせ」ですが、ハラスメントを考えるうえで大切なのは、「行為者がどう思っているかではなく、相手が不快な感情を抱けばハラスメントとなる」という点です。

　パワハラやセクハラを指摘された人がしばしば口にするのは「自分にはそのつもりはなかった」という言い訳ですが、たとえ本人にその意図がなかったとしても、相手が「嫌な思い、不快な思い」をしたとすれば、それはパワハラやセクハラになり得るということをしっかり自覚しておくことが必要になります。

　「自分の若い頃はこんなのは普通だった」という「かつての常識」も捨てましょう。「叱る」で特に問題になるのはパワハラです。パワハラというのは、「同じ職場で働く者などに対して、職務上の地位や人間関係などの職場内の優位性を背景に、業務の適

正な範囲を超えて、精神的・身体的苦痛を与えるまたは職場環境を悪化させる行為」と定義されています。

では、パワハラを起こさないためには何が必要なのでしょうか。一般的に6つのポイントが挙げられています。

1．暴言

部下を指導するうえで厳しく叱ることは時に必要ですが、その場合も人格否定にならないなど言葉を選ぶことが大切になります。

2．執拗な非難

たとえば失敗を繰り返す部下を執拗に非難したり、人格を否定することはパワハラになります。的確な指導が求められます。

3．威圧的な態度

管理職の中には言葉はさほどではなくても態度や振る舞いが威圧的で部下に恐れを抱かせる人がいます。言動には細心の注意を。

4．無理・無駄な業務の強要

部下に過度な負担をかけることもパワハラになります。能力に応じた業務の指示と、細かな支援が求められます。

5．仕事を与えない

理由なく「干す」ことは決して許されません。

6．仕事以外の事柄の強要

部下に私事を命じることは不適当な命令となります。

パワハラを恐れるあまり「叱る」ことができなくなるのは困りものです。「パワハラとは何か」を理解したうえで部下指導に臨むことが求められています。

基本的行動

「パワハラとは何か」を理解したうえで正しく叱ろう。

小さな芽のうちに摘み取ろう

　ここまでさまざまな「叱り方」について触れてきましたが、より理想的なのは「叱る」にいく以前の段階で「部下の小さな変化」に気づき、早めにアクションを起こすことで「小さな芽のうちに摘み取る」ことです。

　トヨタの研修が重視しているのは「人に関する職場問題の未然防止」ですが、そこではこう言われます。

　「問題が起こるというのは、必ず、その前に何か変わり目があるはずです。それを上司は見逃さずに把握しなければならない。たとえば、仕事が変わったとか、大変忙しくなったとか、そういう変化点でメンバーにどういう変化が起こっているかをしっかり見ることです。そして、心配事があるようなら、声をかけることです」

　トヨタの考えでは、人に関するトラブルは突如、発生するわけではありません。そこには何らかの兆候があり、それを見逃すことなく対処すれば、うまくおさめることができるのです。問題の発生順に４つのポイントがあります。

１．問題を「予知」する

　過去の経験や客観的な状況から、放っておくと問題が起きるのではと思われる場合、上司は確実に対処することが求められます。

２．問題を「感知」する

　常に部下の様子に気を配っていれば、仕事ぶりや態度の変化に気づきます。たとえば、「最近、元気がない」とか、「ちょっと顔色が悪い」「職場の雰囲気が悪い」といった「いつもと違う」という気づきを大切にすれば、問題の進行を防止することができます。

３．問題が「向かってくる」

　問題が向かってくるというのは、問題が管理者に持ち込まれることを指します。たとえば、本人が仕事への不満を言ってくるとか、仕事の変更を申し出たり、会社を辞めたいと言ってきた時です。第3者からの情報も含まれます。

４．問題に「飛び込む」

　飛び込むというのは、問題が放っておけない状態になった時です。たとえば、上司の指示に対して、嫌だと強く反発したり、遅刻などを注意したら反抗してくる場合です。こうなると上司は問題に飛び込んで解決することになります。

　このように問題にはいくつかの段階がありますが、できるだけ上司は「予知」「感知」の段階で問題に気づき、問題の芽を摘みたいというのが理想なのです。

基本的行動
　部下の様子に気を配り問題は「芽」のうちに摘み取る努力を。

多様な部下をどう叱るか

　最初の章で触れたように今日、管理職の部下はかつての「正社員、男性、日本人、年下」だけではなくなっています。国籍や性別、年齢、雇用形態などが多様化したことで、管理職にはそれぞれに応じた対処法が求められるようになっています。

　年上部下については既に触れましたが、たとえば外国人の部下の場合、育ってきた環境や文化、使う言語、さらには持っている価値観も違うため、日本人部下と同じように接したとしても効果は期待できません。

　こうした部下を叱ったり注意する場合、大切なのは「言葉を端折ることなく、丁寧に話す」ことです。日本人同士なら多少言葉足らずでも、部下も前後の文脈から何となくその真意を察するということもありますが、それを外国人に期待するのは間違っています。

　一方、言葉を端折ることなく丁寧に論理的な説明をすれば理解と納得が得られるだけに、外国人それぞれの文化や価値観を大切にしながら話をしたいものです。

　パートやアルバイトの叱り方にはまた別の注意が必要になります。この何年か、飲食店などでアルバイトをしている若者たち

が、職場で悪ふざけをして、それをスマートフォンで撮影してネットに投稿する事件が相次ぎ、雇用先の企業が謝罪に追い込まれる事件が多数ありました。

　傷ついた信用の回復に向け、企業は「社員教育の徹底」を掲げていますが、こうした愚かな行為の背景には「自分たちの存在を認めて欲しい」という間違った承認欲求があるとも言われています。

　こうした人たちを弁護するつもりはありませんが、管理職にとってパートやアルバイトの人たちに関しては「叱る」だけでなく、1人1人の価値を「認める」ことも大切になっているようです。

　パートやアルバイトの人を叱る難しさの1つは、正社員と違って「こんな職場いつでも辞めてやる」と割り切って仕事をしている人もいることです。時給なども上がり、人の採用が難しい時期、「辞められたら困るから」と、余計な気を遣って叱るべき時に叱らない管理職がいますが、その弱腰の姿勢は周りにも悪影響を及ぼします。

　あるいは、パートのなかには経験豊富な人もいて、「この人がいないと仕事が回らなくなる」と、やはり余計な気を遣うこともありますが、こうした姿勢は相手を傲慢にする恐れがあります。

　ほめることにも叱ることにも求められるのは公平さであり公正さです。悪いことは悪いと、毅然として叱ると同時に、日ごろからこうした人たちとのコミュニケーションを大切にして信頼関係も築いておくことがとても大切なのです。

基本的行動
　人材が多様化する時代、叱り方も1つではなく多様化を。

「部下の成長」を
本気で信じよう

　ここまで部下の「ほめ方」や「叱り方」について触れてきましたが、いずれの場合も決して忘れてはならないのが「部下の成長を促すためにほめるし、叱る」という点です。

　管理職の役目は、部下を通して成果をあげることですが、より長い目で見れば、「自分を凌駕するほどの部下を育てる」ことが最も大切な役割と言えます。その思いがあるからこそ上司は部下を叱ることができるし、叱られた部下も「自分のためを思って」と納得することができるのです。本書のまとめにあたって、「部下の成長を信じる」うえで大切な心構えをいくつかまとめてみます。

1．部下のダメなところだけでなく、良いところにも目を向ける

　どんなに欠点の目に付く人でも、長所が何もないということはありません。同様にどんな仕事でも、改善すべき点ばかりということはほとんどなく、実際には良かった点もあるはずです。

　たとえば、仕事の速さに問題がある部下も、丁寧さに関しては定評がある場合もあります。「仕事は速いけどミスが多い」人もいれば、「仕事はちょっと遅いけどミスはなく、安心して任せられる」人のはたしてどちらがいいでしょうか。

　こうした部下を叱る場合、悪い点ばかりを指摘するのではなく、良さを認めることが部下を生かすことになります。

２．完璧さより「これだけ良くなった」を認めよう

　アルコール中毒に悩んでいる人の場合、禁止されているお酒を１本でも飲んだことを厳しく叱るよりも、それまで５本飲んでいたものが１本に減ったことをほめる方が効果的と言われています。

　同様に部下の行動改善に関しても、たとえば「24時間以内にすべてのメールに返信する」という目標に対し、数日後、「７割しかできなかった」という部下の報告に対し、「なぜ７割しかできなかったんだ」と叱るよりも、「７割か、ずいぶんがんばったね」とほめる方が部下の励みになります。誰しも最初から完璧はありません。少しでも前に進んでいるのなら、それを認め、あとの３割を達成するために部下と並走する姿勢が管理職には望まれます。

３．部下の言い分にしっかり耳を傾ける

　どんなに部下に大きな非があるように見えても、それだけで部下を一方的に叱るのではなく、部下なりの言い分に耳を傾けましょう。何の考えもなしに動くことはありません。たとえ間違った考えで、間違った結果だったとしても、上司が「聞いてくれる」というのは部下にとって救いであり、上司に対する信頼が強くなります。

　こうしたことに心がけながら、「部下の成長を信じる」ことができれば、部下はきっと上司の期待に応えてくれるのです。

基本的行動
　上司が「成長を信じる」からこそ部下は成長できる。

おわりに

　本書の執筆と出版には日本能率協会マネジメントセンターの黒川剛氏にご尽力いただきました。心より感謝申し上げます。

　また、本書の執筆にあたっては、次の書籍・雑誌を参考にさせていただきました。いずれも大変な労作であり、学ぶところも多かったことに心より感謝いたします。

『はじめてのリーダーのための実践！フィードバック』（中原淳著、PHP研究所）、『フィードバック入門』（中原淳著、PHPビジネス新書）、『叱って伸ばせるリーダーの心得56』（中嶋郁雄著、ダイヤモンド社）、『ほめる技術、しかる作法』（伊東明著、PHP新書）、『ほめ方の教科書』（中村早岐子著、西出ひろ子監修、かんき出版）、『「ほめちぎる教習所」のやる気の育て方』（加藤光一著、坪田信貴監修、KADOKAWA）、『心をひらく「ほめグセ」の魔法』（西村貴好著、経済界新書）、『泣く子もほめる！「ほめ達」の魔法』（西村貴好著、経済界新書）、『０から１をつくる』（本橋麻里著、講談社現代新書）、「Number」722（文芸春秋）

桑原 晃弥（くわばら・てるや）

1956年広島県生まれ。経済・経営ジャーナリスト。慶應義塾大学卒。業界紙記者を経てフリージャーナリストとして独立。トヨタからアップル、グーグルまで、業界を問わず幅広い取材経験を持ち、企業風土や働き方、人材育成から投資まで、鋭い論旨を展開することで定評がある。主な著書に『ウォーレン・バフェット 巨富を生み出す7つの法則』（朝日新聞出版）、『スティーブ・ジョブズ名語録』（PHP文庫）、『トヨタのPDCA＋F』（大和出版）、『トヨタだけが知っている早く帰れる働き方』（文響社）、日本能率協会マネジメントセンター（JMAM）でも『トヨタ式 考える力』『グーグルに学ぶ最強のチーム力』『仕事の効率を上げミスを防ぐ整理・整頓100の法則』など多数。

ほめ方・叱り方100の法則

2020年6月30日　初版第1刷発行

著　者——桑原晃弥　　ⓒ 2020 Teruya Kuwabara
発行者——張　士洛
発行所——日本能率協会マネジメントセンター
〒103-6009 東京都中央区日本橋2-7-1　東京日本橋タワー

TEL 03（6362）4339（編集）／03（6362）4558（販売）
FAX 03（3272）8128（編集）／03（3272）8127（販売）
http://www.jmam.co.jp/

装　丁——冨澤 崇（EBranch）
本文DTP——株式会社森の印刷屋
印刷所——シナノ書籍印刷株式会社
製本所——ナショナル製本協同組合

ISBN 978-4-8207-2818-4　C2034
落丁・乱丁はおとりかえします。
PRINTED IN JAPAN

JMAM の本

心理
マーケティング
100 の法則

酒井とし夫 著
四六判 232 頁

人生が大きく
変わる話し方
100 の法則

酒井とし夫 著
四六判 224 頁

失敗しない！
クレーム対応
100 の法則

谷厚志 著
四六判 232 頁

仕事の効率を上げ
ミスを防ぐ
整理・整頓
100 の法則

桑原晃弥 著
四六判 224 頁

人前であがらずに
話せる
100 の法則

新田祥子 著
四六判 208 頁

インプットの
効率を上げる
勉強術
100 の法則

和田秀樹 著
四六判 228 頁

失敗を未然に防ぐ
仕事のミスゼロ
100 の法則

藤井美保代 著
四六判 232 頁

SNS マーケティング
100 の法則

株式会社カーツメディア
ワークス 著
四六判 256 頁

A4 一枚で作る
PDCA を回せる
経営計画
100 の法則

宮内健次 著
四六判 232 頁

※ 2020 年 8 月刊行予定

オフィスの業務改善
100 の法則

松井順一 著
四六判 240 頁